JUNIOR CYC

LESS STRESS MORE SUCCESS

French Revision

Lisa Fitzpatrick

GILL EDUCATION

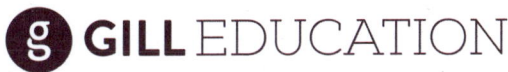

Gill Education
Hume Avenue
Park West
Dublin 12
www.gilleducation.ie
Gill Education is an imprint of M. H. Gill & Co.

© Lisa Fitzpatrick 2024

978-0-7171-94131

All rights reserved. No part of this publication may be copied, reproduced or transmitted in any form or by any means without written permission of the publishers or else under the terms of any licence permitting limited copying issued by the Irish Copyright Licensing Agency.

Design: Liz White Designs
Print origination: Ailbhe Hooper
Illustrations: Derry Dillon

At the time of going to press, all web addresses were active and contained information relevant to the topics in this book. Gill Education does not, however, accept responsibility for the content or views contained on these websites. Content, views and addresses may change beyond the publisher or author's control. Students should always be supervised when reviewing websites.

For permission to reproduce images, the authors and publisher gratefully acknowledge the following:
© Adobe Stock: 1, 6, 11, 14, 17, 18TCR, 18TR, 18B, 19T, 19B, 20, 22, 23, 27, 28, 31, 32, 33, 37, 39, 47, 57, 73, 74, 74B, 75, 76, 81, 88, 96, 97, 98, 99, 100, 102B, 103, 104, 105, 106, 108, 110, 110T, 110BCR, 110BR, 111, 112, 113, 120, 121, 156, 161, 166, 169, 176, 183; © Alamy: 98h, 118, 119, 133, 134, 137CT, 141T, 150, 151, 165B; © Getty Images: 137T, 137C, 137B; © iStock/Getty Premium: 5, 7, 8, 9, 10q, 10r, 14m, 14n, 17h, 17p, 18TL, 18TCL, 18TC, 27i, 27j, 27k, 28a, 28b, 37, 37n, 37o, 37p, 74B, 74B, 74B, 75TCL, 75, 75, 98f, 98i, 98j, 98k, 99, 100, 103TR, 104TR, 104BL, 105BR, 110BL, 110BCL, 114, 123, 124, 135, 141B, 145CT, 145CB, 164, 165T, 174, 194, 196, 200, 202; © Martela Molucas: 147; © Shutterstock: 106TL; © SWNS Media Group: 137CB.

The author and publisher have made every effort to trace all copyright holders. If, however, any have been inadvertently overlooked, we would be pleased to make the necessary arrangements at the first opportunity.

Dedication
To my Chickies! I love you more.

- **INTRODUCTION** vi
  - Classroom-Based Assessments vi
  - The formal written assessment task x
  - The June examination x
  - La nouvelle orthographe – the reformed French orthography x
- **CHAPTER 1: VOCABULARY** 1
  - Les saisons et les mois (The seasons and the months) 1
  - Les jours de la semaine (The days of the week) 2
  - Les divisions du temps (Divisions of time) 2
  - Les dates (Dates) 3
  - À la poissonnerie (At the fishmonger's) 5
  - À la boucherie (At the butcher's) 5
  - Les magasins (Shops) 6
  - Faire les courses (Grocery shopping) 8
  - Les vêtements (Clothes) 10
  - Le corps humain (The human body) 11
  - Les professions et les carrières (Professions and careers) 16
  - Les animaux (Animals) 17
  - Les membres de la famille (Members of the family) 18
  - Les membres de la société (Members of society) 19
  - Le temps (The weather) 19
  - À la maison/Chez moi (At home) 22
  - Les nombres et les quantités (Numbers and quantities) 25
  - Les couleurs (Colours) 27
  - La technologie (Technology) 28
  - Les activités (Activities) 29

Les moyens de transport (Modes of transport)	31
Les directions (Directions)	33
Les prépositions (Prepositions)	34
Qu'est-ce qu'il y a dans ton cartable? (What's in your school bag?)	37
Les villes principales en France (The main cities in France)	38
Les 26 capitales de l'Union européenne (The 26 capitals of the European Union)	40

CHAPTER 2: GRAMMAR 41

Les noms (Nouns) 41
Les adjectifs (Adjectives) 45
Les verbes (Verbs) 48
    Tense 1: Le présent de l'indicatif 49
    Tense 2: Le passé composé 54
    Tense 3: L'imparfait 64
    Tense 4: Le futur 67
    Tense 5: Le conditionnel 70

CHAPTER 3: SECTION A: LISTENING 71

Aims 71
General advice 71
Questions with a visual prompt 72
Questions that require you to provide personal details about the speaker 77
Questions that ask for directions 79
Questions that relate to ailments, injuries and doctors' visits 80
Questions that are in the format of a public announcement providing information on an event, an offer, a service, etc. 83
Questions that relate to a casual, informal conversation between two people 85
Questions about the weather 88
Questions about a survey or report 89
Questions related to hypothetical situations and opinions 91

CHAPTER 4: SECTION B: READING 95

Aims 95
General advice 95
Questions where the tasks incorporate visual prompts/images 95
Questions with a visual prompt 101
Tasks where the questions are all in French 107

Interrogatives	107
Questions that require you to match a question and answer in French	117
A poem or an extract from a French short story or novel with questions in English	120
Questions that present information in an advertisement, email, memo or note format	125
Questions with several paragraphs, each related to a person in a photograph	132
Questions about aspects of one person's life, with headings	139

CHAPTER 5: SECTION C: WRITING 149

Aims	149
General advice	149
Questions with a series of short sentences	149
Questions that require you to provide information about yourself	154
Ma famille (My family)	156
Les tâches ménagères (Household chores)	161
Décris ta maison (Describe your house)	162
Mon quartier, mon voisinage (My neighbourhood)	166
Décris ton école (Describe your school)	169
Décris l'uniforme scolaire (Describe your school uniform)	173
Les professeurs (The teachers)	176
À l'école, tu étudies quelles matières ? (At school, what subjects do you study?)	176
Les passe-temps/les loisirs (Pastimes)	179
Décrire des personnes physiquement (Describing people physically)	183
Décrire la personnalité (Describing people's personalities)	184
Écrire un courriel, une lettre ou un blog quand tu es en vacances (Writing an email, a letter or a blog while on holiday)	186

AUDIO SCRIPTS 203

GRAMMAR SOLUTIONS 210

Introduction

This book is the ideal resource for students at any stage of their Junior Cycle French language-learning journey. While *Less Stress More Success French* is primarily a revision book, the content goes back to basics so that you can revisit old topics and revise the language to best prepare for your Junior Cycle final exam.

The book is filled with invaluable tools and resources for all Junior Cycle students studying French and packed with exercises designed to refresh your memory, identify shortfalls and help you become proficient and confident when tackling exam-style tasks. The numerous sample answers provide you with model responses and greater insight into expectations at this level. The book is also jam-packed with 'Key Points' and 'Exam Focus' advice on how to achieve top marks by ensuring your responses are thorough and correct.

The Junior Cycle assessment of French has four main components:

1. Classroom-Based Assessment 1 (oral communication);
2. Classroom-Based Assessment 2 (your language portfolio);
3. A formal written assessment task (which is linked to your language portfolio);
4. A final written assessment, i.e. the June examination.

Classroom-Based Assessments

Classroom-Based Assessments (CBAs) are at the heart of your Junior Cycle Profile of Achievement. You will do one CBA in second year and another CBA in third year.

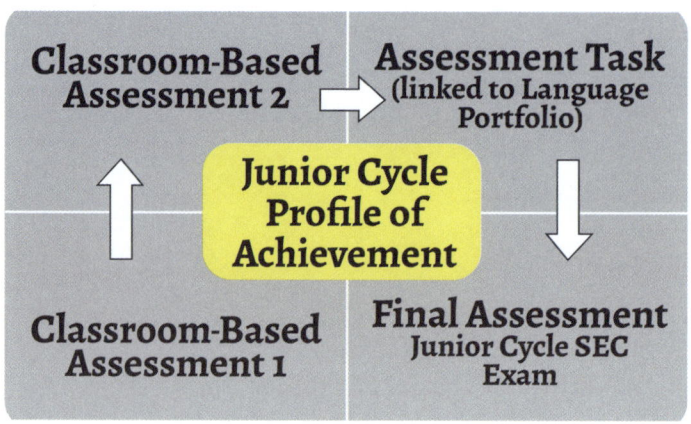

Classroom-Based Assessment 1: Oral communication

CBA 1, which is due towards the end of second year, requires you to prepare and carry out an oral-communication activity in French. It is an opportunity for you to demonstrate your fluency, accuracy and a range of vocabulary appropriate for your age and stage of language-learning. For this task, you are expected to focus on an aspect of life in France (or another francophone country), French culture or a personal experience or topic of interest linked to France.

This activity can be any one of the following:
- an interview;
- a role play;
- a presentation (followed by a question-and-answer session);
- a conversation in response to stimulus material.

You can do this activity:
- alone;
- with one of your classmates;
- as part of a small group.

Please be aware that if you do this activity with others, each person must do their fair share of the preparation and make equal contributions during the activity itself.

Your teacher will assess your oral communication CBA in terms of your:
- spoken production;
- spoken interaction;
- language awareness.

Your teacher is then tasked with categorising your CBA under one of the four headings referred to as 'Features of Quality':
1. Exceptional;
2. Above expectations;
3. In line with expectations;
4. Yet to meet expectations.

Formats for the oral communication CBA

1. Interview
A student, pair or group chooses a topic or area of interest and responds to questions asked by the teacher and by each other in a pair or group setting about this topic or interest. Some of the teacher questions will be unscripted.

2. Role play

A student, pair or group chooses a role-play scenario, such as booking a holiday, a shopping trip or interacting with a host family. During the role play, students interact with each other or with the teacher or with both. The role play is supported by unscripted questions by the teacher.

3. Presentation

A student, pair or group chooses a topic or area of interest and presents on this topic or interest. Students may use media or props or both. The presentation is followed by unscripted questions by the teacher.

4. Conversation in response to stimulus material

A student, pair or group selects stimulus material – visuals, written text, aural text, props and so on – that will prompt or guide oral communication. A conversation between two or more students is followed by unscripted questions by the teacher. A teacher–student(s) conversation incorporates unscripted questions.

Note that the teacher asks a number of questions, irrespective of the format chosen, to help gauge student comprehension and capacity to respond to simple, unscripted questions, appropriate to the age and stage of language-learning.

Example

Two students prepare a role play based on a visit to a typical French bakery.

Introduction

Student A : Je m'appelle _____ et ma camarade de classe, _____, et moi, nous allons vous parler d'une grande tradition française. La baguette de pain s'inscrit dans la très longue tradition du pain en France. Pour la plupart des habitants de l'Hexagone, l'achat de bon pain est une tradition quotidienne. Au cœur de nombreux villages, ou à chaque coin de rue dans les grandes villes, se trouve une boulangerie.

Student B : De nos jours, la boulangerie est encore plus populaire que les supermarchés pour l'achat du pain, et ceci parmi les Français de toutes générations. Les Français exigent du pain frais qui est fait artisanalement avec des ingrédients de haute qualité. Une visite à la boulangerie représente une tâche quotidienne que les habitants apprécient et adorent. En fait, la baguette est devenue un symbole identitaire de la France.

Dans la boulangerie …

Student A : Bonjour, madame.
Student B : Bonjour, monsieur. Qu'est-ce que vous désirez ?
Student A : Ce soir, je fais une fête chez moi donc je vais prendre beaucoup de choses.
Student B : Aucun problème, monsieur. Alors, pour commencer ?
Student A : D'abord, je vais prendre dix baguettes, s'il vous plait.
Student B : Quel type de baguettes voulez-vous ?
Student A : Cinq baguettes traditionnelles et cinq fermières, s'il vous plait.
Student B : Leur cuisson ?
Student A : Toutes bien cuites.
Student B : Voilà cinq traditionnelles et cinq classiques, toutes bien cuites. Désirez-vous autre chose ?
Student A : Oui, deux boules de campagne et deux pains au levain.
Student B : Vous les voulez en tranche ?
Student A : Ah oui, tous tranchés, s'il vous plait.
Student B : C'est tout ? Ou allez-vous prendre autre chose ?
Student A : Oui, je voudrais aussi prendre des viennoiseries.
Student B : Très bien, monsieur. Elles sont toutes bien fraiches, faites ce matin.
Student A : Super ! Je prendrai quatre éclairs au chocolat, quatre chaussons aux pommes, six tartes aux fraises et six au citron.
Student B : Ça sera tout ?
Student A : Non. Rajoutez-moi aussi une boîte de macarons, s'il vous plait.
Student B : Voilà ? C'est tout ?
Student A : Oui, je vous dois combien ?
Student B : Ça vous fait quarante-neuf euros cinquante.
Student A : Je préfère payer avec le sans-contact.
Student B : Parfait, monsieur. Approchez votre carte du terminal, s'il vous plait.
Student A : Merci, madame.
Student B : Merci, monsieur, à bientôt.

Classroom-Based Assessment 2: The language portfolio

You will work on your language portfolio over the three years of Junior Cycle. The portfolio allows you to showcase all your language-learning achievements by documenting and reflecting on your progress in French class. It can comprise a variety of formats: handwritten texts, mini projects, audiovisual materials, learning logs, personal reflections and learning goals. For CBA 2, you will select and submit three pieces from your language portfolio to your teacher for assessment. Note that one of the pieces should be recorded orally for submission. This is usually done in the first term of Third Year.

The formal written assessment task

You will be asked to complete a formal written assessment task based on the learning outcomes related to CBA 2. (See www.ncca.ie for learning outcomes.) This task is submitted to the State Examinations Commission (SEC) for marking. It is worth 10 per cent of your final mark, with the written exam allocated the remaining 90 per cent.

The June examination

The final written assessment takes place in June of Third Year and is set by the SEC. The exam tests your knowledge of French vocabulary and grammar, allowing you to demonstrate your proficiency through a series of listening, reading and written tasks.

Table 1 Breakdown of the Junior Cycle Final Written Exam (Common Level)

Section	Format	Marks	%	Questions
Section A	Listening	140 marks	35	1, 2, 3, 4, 5, 6, 7 and 8
Section B	Reading	140 marks	35	9, 10, 11, 12, 13, 14 and 15
Section C	Writing	80 marks	20	16, 17 and 18
Total		360 marks	90	1–18

La nouvelle orthographe – the reformed French orthography

French spelling reforms try to fix irregularities in spellings and to make it easier to learn. The last spelling reform took place in 1990, but was not adopted widely. In 2016, it was recommended that French textbooks on all school subjects use the recommended 'new' spelling. In this book, we have mostly used the new spellings, but you may see the old spelling in exam papers, posters or infographics. **Don't worry about this reform affecting your exam results, as both spellings are considered correct.**

For more information, visit www.lalanguefrancaise.com/orthographe/guide-complet-nouvelle-orthographe

1 Vocabulary

exam focus

Vocabulary plays a major role in every section of the Junior Cycle French exam. This section aims to provide you with the opportunity to refresh your memory and revise vocabulary themes you have covered, possibly quite some time ago, while also allowing you to fill in any gaps in your knowledge of French Junior Cycle vocabulary. It is a good idea to highlight any words which are new to you in this chapter and make a list of them in a copybook dedicated to French vocabulary. In addition, frequently ask yourself if you can spell the words that are very familiar to you.

Les saisons et les mois (The seasons and the months)

Exercise 1.1

Can you write the months in their correct order in the boxes below?

septembre   juillet   janvier   avril   décembre   juin   mars   octobre

Le printemps	L'été	L'automne	L'hiver
février	mai	aout	novembre
....	....	....	....
....	....	....	....

Les jours de la semaine (The days of the week)

Exercise 1.2

mardi   vendredi   dimanche   mercredi   samedi   jeudi   lundi

The above days are in the wrong order.
Rewrite **les jours de la semaine** below in the correct order.

lundi

....
....
....
....

dimanche

Les divisions du temps (Divisions of time)

une seconde *a second*
une minute *a minute*
une heure *an hour*
un jour *a day (24 hours)*
une journée *a day (not 24 hours); e.g.* **la journée scolaire** *the school day*
une semaine *a week*
une quinzaine *a fortnight*
un mois *a month*
un an/une année *a year*

Past exam question 1.1

Source: SEC Junior Cycle Final Examination 2022, Section B: Reading, Question 10

Read the following text and answer the questions below in **French**.

(a) À quelle date commence l'événement ?

Answer: ....

Extract from script:

Date: Du samedi 26 mars au vendredi 1er avril 2022

VOCABULARY

Past exam question 1.2

Source: SEC Junior Cycle Final Examination Sample Paper, Section A: Listening, Question 4

Listen carefully and answer the questions below in **English**.

(b) How long will the festival last?

Extract from script:

Le festival va durer une semaine.

Answer
One Week

If the question is in English, the answer must also be in English. Similarly, if the question is in French, then the answer must be in French as well.

Les dates (Dates)

Dates feature heavily in the Junior Cycle exam in all three of the Listening, Reading and Writing sections. Be sure you can readily recognise and write dates in French.

Formation

1. **le** + [day] + [number] + [month] + [year]	Exemple: **le mercredi 9 juin 2023**
2. **le** + [number] + [month] + [year]	Exemple: **le 16 aout 2023**

Examples

Quel jour est-on aujourd'hui?	Aujourd'hui on est le 13 mars 2024.
Quand est ton anniversaire?	Mon anniversaire est le 8 avril.
Quand est l'anniversaire de ton meilleur ami?	Son anniversaire est le 5 aout.

Exercise 1.3

Rewrite the dates below in numerical format.

1. le quatre novembre 2024 ....
2. le vingt-six février 2023 ....
3. le vingt-deux juillet 2024 ....
4. le quatre avril 2025 ....
5. le douze septembre 2018 ....
6. le trois mai 2025 ....

Exercise 1.4

Rewrite the dates below in words, spelling out the month and using the format for writing dates in French.

1. 4/11/2023 ....
2. 26/2/2023 ....
3. 14/3/2016 ....
4. 30/1/2024 ....
5. 19/6/2023 ....
6. 25/10/2025 ....

Exercise 1.5

Write the dates as a full sentence following the example that is done for you.

1. Monday, 09/12/2024   Aujourd'hui, nous sommes le lundi 9 décembre 2024
2. Tuesday, 12/06/2024 ....
3. Wednesday, 18/03/2023 ....
4. Thursday, 25/08/2008 ....
5. Friday, 31/01/2025 ....
6. Saturday, 03/07/2025 ....
7. Sunday, 27/05/2023 ....

À la poissonnerie
(At the fishmonger's)

le saumon *salmon*
les crevettes *prawns*
les moules *mussels*
le calamar *squid*
la truite *trout*
la sardine *sardines*

la morue *cod*
le crabe *crab*
le thon *tuna*
le homard *lobster*
les crustacés *shellfish*
le maquereau *mackerel*

À la boucherie
(At the butcher's)

la viande *meat*
le bœuf *beef*
le porc *pork*
le poulet *chicken*
le canard *duck*
l'agneau *lamb*
la dinde *turkey*
le jambon *ham*
les saucissons *sausages*
le lapin *rabbit*
le bifteck *steak*
le poulet rôti *roast chicken*

rôti de (porc/bœuf) *roast (pork/beef)*
la viande hachée *minced meet*
les brochettes de ... *skewers*
les côtelettes de ... *chops*

Other vocabulary

mariné(s)/marinée(s) *marinated*
fumé(s)/fumée(s) *smoked*
prendre *to have (something to eat or drink)*
préparer *to make (something to eat or drink)*
commander *to order (something to eat or drink)*

Les magasins (Shops)

Magasin	Produit ou service (On y vend/On peut y acheter)
la boucherie *the butcher's*	des côtelettes de porc *pork chops*
le fleuriste *the florist's*	une douzaine de roses rouges *a dozen red roses*
la poissonnerie *the fishmonger's*	des crevettes et du calamar *prawns and squid*
le grand magasin *the department store*	un lit double et du maquillage *a double bed and make-up*
magasin de papèterie *the stationery shop*	un cahier d'exercices et des stylos *a copybook and pens*
la station-service *the petrol station*	de l'essence *petrol*
la pâtisserie *the cake shop*	un gâteau et des macarons *a cake and some macarons*
la librairie *the bookshop*	un roman et une bande dessinée *a novel and a comic*
l'agence de voyages *the travel agency*	un vol *a flight*
le salon de coiffure *the hairdresser's*	une coupe de cheveux *a haircut*
le kiosque *the newsagent's*	un journal et un magazine *a newspaper and a magazine*
la boulangerie *the bakery*	une baguette et trois croissants *a baguette and three croissants*
la poste *the post office*	des timbres et des enveloppes *stamps and envelopes*
l'office de tourisme *the tourist office*	un plan de la ville *a map of the city*
le magasin de fruits et légumes *the greengrocer's*	un ananas et un kilo de raisins *a pineapple and one kilogram of grapes*
la pharmacie *the pharmacy*	un sirop pour la toux et des pansements *a cough syrup and some plasters*
la gare routière *the bus station*	un aller simple de Nice à Paris *a one-way ticket from Nice to Paris*
le cinéma *the cinema*	du popcorn et des nachos chauds *popcorn and warm nachos*
la bijouterie *the jeweller's*	une montre et un bracelet en argent *a watch and a silver bracelet*
le magasin de jouets *the toyshop*	un ours en peluche et une poupée *a teddy bear and a doll*

Past exam question 1.3

Source: SEC Junior Cycle Final Examination Sample Paper, Section A: Listening, Question 1

You will hear three conversations. Listen carefully and give the answer to each question by putting a tick (✓) in the correct box.

(b) Virginie et son père parlent de

☐ ☐ ☐ ☐

Extract from script:

Virginie : C'était assez bien, papa, mais maintenant je suis très fatiguée et j'ai vraiment faim. Qu'est-ce qu'il y a à manger pour le dîner ce soir ?

Papa : Ton plat préféré, ma chérie : du poulet rôti avec des pâtes fraîches.

Vocabulary

fraiches *fresh*

Masc. sing.	Fem. sing.	Masc. pl.	Fem. pl.
frais	fraiche	frais	fraiches

pâtes (f.pl.) *pasta*

Faire les courses (Grocery shopping)
Les légumes (Vegetables)

les pommes de terre *potatoes*
la carotte *carrot*
l'ognon *onion*
la tomate *tomato*
les champignons *mushrooms*
l'ail *garlic*
le brocoli *broccoli*
le poivron *pepper*
le chou *cabbage*
le céleri *celery*
l'aubergine *aubergine*
les épinards *spinach*
les petits pois *peas*
la laitue *lettuce*
le maïs *corn*
les olives *olives*

Les fruits (Fruit)

la pomme *apple*
les fraises *strawberries*
les framboises *raspberries*
la banane *banana*
le citron *lemon*
l'orange *orange*
la mangue *mango*
la pêche *peach*
la prune *plum*
l'ananas *pineapple*
la cerise *cherry*
la lime/le citron vert *lime*

le kiwi *kiwi*
la noix de coco *coconut*

les raisins *grapes*
la poire *pear*

VOCABULARY

Des boissons et d'autres articles (Drinks and other items)

le café *coffee*
le thé *tea*
le lait *milk*
la bière *beer*
l'eau gazeuse *sparkling water*
l'eau minérale *mineral water*
le vin rouge/blanc *red/white wine*
le beurre *butter*
la confiture *jam*
le riz *rice*
le chocolat *chocolate*

la glace *ice cream*
l'huile *oil*
les œufs *eggs*

le fromage *cheese*
les pâtes *pasta*
les céréales *cereals*
les biscuits *biscuits*

Past exam question 1.4

Source: SEC Junior Cycle Final Examination 2022, Section A: Listening, Question 6

Listen carefully to the following conversation and answer the questions in **English**.

(b) What pizza does the man order?

(d) What does the man choose
   (i) for dessert?
   (ii) to drink?

Extract from script:

> **Monsieur :** Je voudrais une grande pizza avec du jambon, des oignons et des champignons. Ça coûte combien ?
>
> **Demoiselle :** Alors, nous avons une offre spéciale aujourd'hui. Si vous commandez une pizza et un dessert, vous aurez une boisson fraîche gratuite. Le tout pour seize euros.
>
> **Monsieur :** Très bien, je vais choisir l'offre spéciale. Pour le dessert, j'aimerais prendre de la glace à la vanille. Comme boisson, je vais prendre une eau gazeuse.

Les vêtements (Clothes)

un pull
a sweater

une cravate
a tie

des chaussures
shoes

un pantalon
trousers

une jupe
a skirt

une casquette
a baseball cap

un chemisier
a blouse

une veste
a jacket

des chaussettes
socks

des gants
gloves

un sweat à capuche
a hoodie

un survêtement
a tracksuit

une robe
a dress

une écharpe
a scarf

un jean
jeans

un maillot de bain
a swimsuit

un T-shirt
a T-shirt

des chaussures de sport
trainers

une chemise
a shirt

un manteau
a coat

Past exam question 1.5

Source: SEC Junior Cycle Final Examination 2022, Section A: Listening, Question 5

Listen carefully to the following announcements and answer the questions below in English.

(a) What **three** items of clothing are mentioned in this advertisement? Tick the appropriate boxes.

	✓
shirts	
coats	
shorts	
dresses	
skirts	
T-shirts	

VOCABULARY

Extract from script:

Annonceur : Voici les offres spéciales pour cette semaine. Dans notre rayon vêtements, vous trouverez des prix exceptionnels sur plusieurs articles, comme **les robes** d'été, **les shorts** et **les T-shirts.**

Le corps humain (The human body)

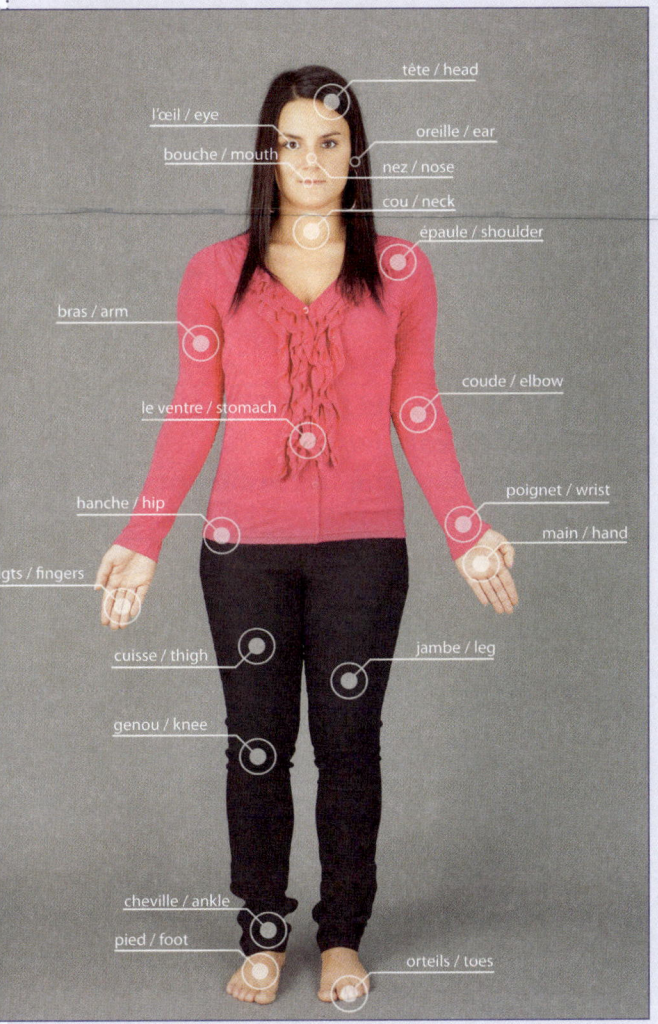

les yeux *eyes*
l'œil *eye*
la bouche *mouth*
la jambe *leg*
le dos *back*
le visage *face*
le ventre *stomach*
le bras *arm*
l'oreille *ear*
se casser (+ le/la/l'/les …) *to break*
se couper (+ le/la/l'/les …) *to cut*
se faire mal (+ au/à la/à l'/aux) *to hurt*
se blesser *to get injured*
être blessé(e)(s) *to be injured*
avoir besoin de/d' *to need*
J'ai besoin de me reposer *I need to rest*
J'ai besoin de médicaments *I need medicine*
Qu'est-ce qu'il y a? *What's the matter?*
As-tu mal? *Are you hurt?*
J'ai mal au/à la/à l'/aux … *My … hurt(s)*

Exercise 1.6

Using the names for body parts in French, fill in the table below to explain what the problem is. The first row has already been filled in with examples for you.

Example:

J'ai mal à la tête *My head hurts/I have a headache*

J'ai mal ...

Masculine singular noun	Feminine singular noun	Singular noun vowel	Plural noun
au	à la	à l'	aux
au dos	à la tête	à l'oreille	aux yeux

Alternative ways to talk about ailments

Body part (singular): **Le/La/L'/Mon/Ma ... me fait (très) mal**	**Le/Mon dos me fait très mal** *My back really hurts* **Le/Mon bras me fait vraiment mal** *My arm really hurts*
Body part (plural): **Les ... me font (très) mal**	**Les/Mes oreilles me font mal** *My ears hurt* **Les/Mes genoux me font très mal** *My knees hurt a lot*

Other vocabulary

J'ai la grippe *I have flu*
J'ai de la fièvre *I have a temperature*
Je suis malade *I am sick/unwell*
Je suis enrhumé(e) *I have a cold*
Je me sens malade *I feel sick*
Je suis blessé(e) *I am injured*
Je ne me sens pas bien
I am not feeling well
J'ai envie de vomir *I feel like getting sick*
J'ai pris un coup de soleil *I got sunburnt*

Je suis tombé(e) *I fell*
Je me suis foulé la cheville
I sprained my ankle
Je me suis cassé le/la/l'/les
I broke my ... /I have broken my ...
Je me suis coupé au doigt
I (have) cut my finger
Je me suis fait mal au/à la/à l'/aux
I hurt my ... /I have hurt my ...
Je me suis blessé(e) *I got injured*

VOCABULARY

key point

It is unusual to use possessive adjectives (e.g. **mon/ma/mes**) when talking about ailments. Therefore, when referring to parts of the body, definite articles (**le/la/l'/les**) are more commonly used than possessive adjectives (**mon/ma/mes**, etc.)
Je me suis cassé le bras. *I broke my arm.*
Je me suis foulé la cheville/le poignet. *I sprained my ankle/my wrist.*
J'ai mal à la tête. *I have a headache.*

Past exam question 1.6

Source: NCCA Sample Assessment Items, Listening Skills, Exercise 3(c)

Qui parle ?

Answer
Un professeur et un élève

Extract from script:

> **Prof :** Bonjour John, comment ça va ? Vite, vite … les cours ont déjà commencé. Tu es en retard !
>
> **John :** Bonjour, madame. Je sais, mais **je me suis blessé**. J'étais en train de jouer au foot pendant la pause-déjeuner et **je suis tombé**. **Ma jambe me fait très mal**.

Past exam question 1.7

Source: NCCA Sample Assessment Items, Listening Skills, Exercise 5

Listen to the voice messages. For each message write down in ENGLISH the reason for calling.

Extract from script:

> **Anne Duval :** Bonjour, Madame Moulin. C'est Anne Duval, la secrétaire de l'école de votre fille Julie. Elle se plaint **d'avoir mal au ventre**. Pouvez-vous venir la chercher, s'il vous plaît ? Merci beaucoup.

Answer
The school is calling because her daughter has a tummy ache.

Vocabulary

Qu'est-ce qu'il y a ? *What's the matter?*   As-tu mal ? *Are you hurt?*

Exercise 1.7

Write what is bothering you in the **je** form under each image. Numbers 1, 6 and 14 are done for you.

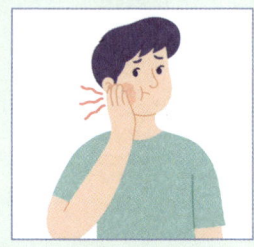  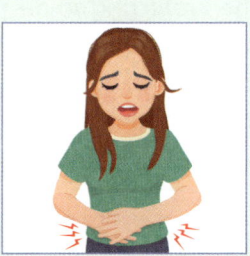 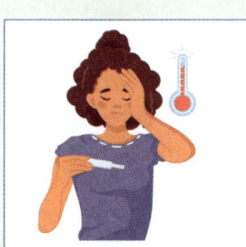

1. J'ai très mal aux dents, je dois aller chez le dentiste.
2. ....
3. ....
4. ....

   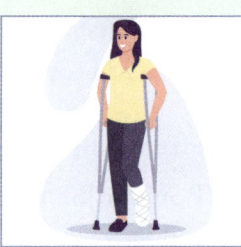

5. ....
6. J'ai mal au dos, j'ai besoin de me reposer.
7. ....
8. ....

  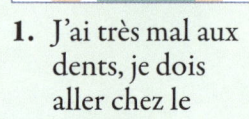 

9. ....
10. ....
11. ....
12. ....

13. ....
14. Je me suis coupé au doigt, j'ai besoin d'un pansement.
15. ....
16. ....

VOCABULARY

Past exam question 1.8

Source: SEC Junior Cycle Final Examination 2023, Section A: Listening, Question 4

Listen carefully to this telephone conversation and answer the questions below in **English**.

(a) Who was Paul in town with yesterday? Tick (✓) in the correct box.
- ☐ his grandmother
- ☐ his mother
- ☐ his aunt

(b) What activity was Paul doing in town?

(c) What part of his body did he injure? Tick (✓) the correct box.

Extract from script:

Je suis allé en ville avec **ma tante** pour **faire du patinage**. Je suis tombé et **je me suis fait mal à la jambe**. Quelle douleur !

Les professions et les carrières
(Professions and careers)

Professions *Professions*	Lieux de travail *Workplaces*
un infirmier/une infirmière *a nurse* un(e) médecin *a doctor* une femme médecin *a female doctor*	une clinique/un hôpital *a hospital*
un(e) enseignant(e) *a teacher* un(e) professeur(e) *a teacher*	un collège (secondaire) *a secondary school*
un instituteur/une institutrice *a primary school teacher*	une école primaire *a primary school*
un(e) avocat(e) *a lawyer*	un tribunal *a court*
un policier/une policière *a police officer*	un poste de police/un commissariat *a police station*
un acteur et une actrice *an actor or actress*	un théâtre *a theatre*
un steward/une hôtesse de l'air *a steward/an air hostess*	un avion *an aeroplane*
un serveur/une serveuse *a waiter/a waitress*	un restaurant *a restaurant*
un(e) politicien(ne) *a politician*	le parlement *the parliament*
un(e) vétérinaire *a vet*	le zoo *the zoo*
un(e) scientifique *a scientist*	un laboratoire *a laboratory*
un coiffeur/une coiffeuse *a hairdresser*	un salon de coiffure *a hairdresser's*
un(e) mécanicien(ne) *a mechanic*	un atelier *a workshop*
un prêtre *a priest*	une église *a church*
une bonne sœur *a nun*	un couvent *a convent*

Exercise 1.8

Fill in the gaps with one of the professions:

dentiste   charpentier   pompiers   électricien

1. J'ai mal aux dents, je dois aller chez le _____.
2. Le _____ travaille avec du bois (*wood*).
3. Il y avait un incendie (*fire*) dans la maison et les voisins ont appelé les _____.
4. Il y a une coupure d'électricité, il faut téléphoner à un _____.

VOCABULARY

Past exam question 1.9

Source: SEC Junior Cycle Final Examination 2022, Section A: Listening, Question 1

Listen carefully and complete each sentence by putting a tick (✓) in the correct box.

(c) Cette jeune fille voudrait être

☐ ☐ ☐ ☐

Extract from script:

Monsieur : Vivienne, qu'est-ce que tu voudrais faire dans la vie ?

Vivienne : Je voudrais être **infirmière**, monsieur.

Les animaux (Animals)

Les animaux domestiques (Pets)

le poisson / *fish*   **le chien** / *dog*   **le cheval** / *horse*   **le chat** / *cat*   **le lapin** / *rabbit*

la tortue / *turtle*   **la souris** / *mouse*   **l'oiseau** / *bird*   **le cochon d'Inde** / *guinea pig*   **le serpent** / *snake*

Les animaux de la ferme (Farm animals)

la vache / *cow*   **le mouton** / *sheep*   **le cochon** / *pig*   **la poule** / *hen*   **la chèvre** / *goat*

Les animaux sauvages (Wild animals)

le lion *lion* **l'éléphant** *elephant* **le renard** *fox* **le tigre** *tiger* **le singe** *monkey*

Other vocabulary

le fermier/l'agriculteur *farmer*   **la ferme** *farm*
le zoo *the zoo*   **un refuge pour animaux** *animal shelter*

Les membres de la famille (Members of the family)

le mari/le conjoint *husband*
la femme/la conjointe *wife*
le père *father*
la mère *mother*
les parents *parents*
le fils *son*
la fille *daughter*
le frère *brother*
la sœur *sister*
le grand-père *grandfather*
la grand-mère *grandmother*
les grands-parents *grandparents*
le cousin/la cousine *cousin*
la tante *aunt*
l'oncle *uncle*
la nièce *niece*
le neveu *nephew*
le beau-père *father-in-law/stepfather*
la belle-mère *mother-in-law/stepmother*
le demi-frère *step/half brother*
la demi-sœur *step/half sister*

Les membres de la société (Members of society)

l'homme	*(the) man*	la vieille dame	*(the) old lady*
la femme	*(the) woman*	les retraités	*(the) pensioners*
les adultes	*(the) adults*	les gens/les personnes	*(the) people*
le garçon	*(the) boy*	les citoyens	*(the) citizens*
la fille	*(the) girl*	les habitants	*(the) inhabitants*
les enfants	*(the) children*	le voisin/la voisine	*(the) neighbour*
le bébé	*(the) baby*	l'adolescent/le jeune homme	*(the) teenager (male)*
les seniors	*(the) old people*	l'adolescente/la jeune femme	*(the) teenager (female)*
les personnes agées	*(the) elderly*	les jeunes	*(the) young people*
le vieil homme	*(the) old man*	les adolescents	*(the) teenagers*

Useful verbs

se marier	*to get married*	**immigrer**	*to immigrate*	**louer**	*to rent*
déménager	*to move house*	**vivre**	*to live*	**se séparer**	*to separate*
habiter	*to live*	**divorcer**	*to get divorced*	**prendre la retraite**	*to retire*
naître	*to be born*	**s'installer**	*to settle down*	**acheter**	*to buy*

Le temps (The weather)

Quel temps fait-il ? *What's the weather like?*

You will need to be able to write a description of the weather for the Writing section and also recognise descriptions of the weather in the Listening and Reading sections.

Formation

1. Il y a

Present: Il y a +	du soleil *sunny*
Past: Il y avait +	une tempête *stormy*
Future: Il y aura + Il va y avoir +	des nuages *cloudy*
	de l'orage *stormy*
	du vent *windy*
	du brouillard *foggy*

key point

When you talk about the weather in French in the past tense, you must use **l'imparfait** and *not* **le passé composé**.

2. Il + faire

Present: Il fait +	(très) beau *(very) nice weather*
Past: Il faisait +	nuageux *cloudy*
Future: Il fera + Il va faire +	(très) mauvais *(very) bad weather*
	chaud *hot*
	froid *cold*
	du vent *windy*

3. Verbs (pleuvoir, neiger, geler – *to rain/to snow/to be freezing*)

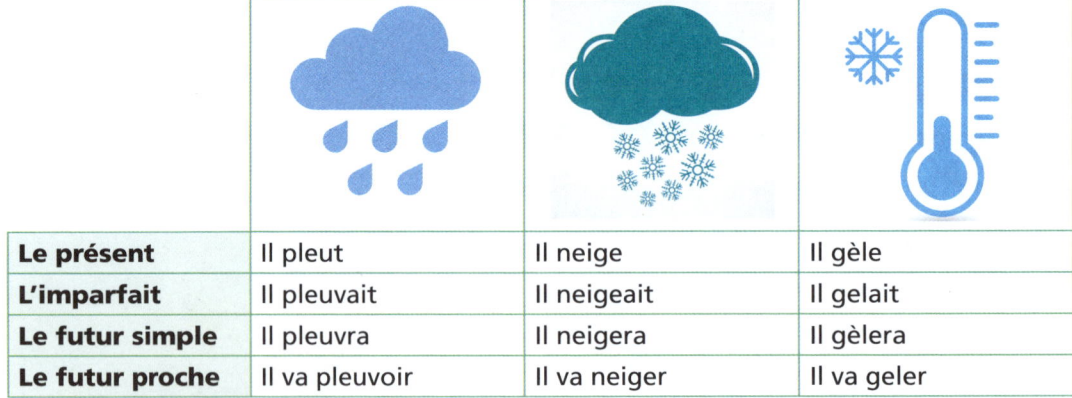

Le présent	Il pleut	Il neige	Il gèle
L'imparfait	Il pleuvait	Il neigeait	Il gelait
Le futur simple	Il pleuvra	Il neigera	Il gèlera
Le futur proche	Il va pleuvoir	Il va neiger	Il va geler

La température (The temperature)

moyenne *average*   **maximale** *maximum*   **minimale** *minimal*

VOCABULARY

Past exam question 1.10

Source: SEC Junior Cycle Final Examination 2022, Section A: Listening, Question 7

(a) What is the weather like in January in Montréal?
Extract from script:

Éric : Je m'appelle Éric. Chez nous, à Montréal, au Canada, c'est simple, il fait très froid en hiver et il fait chaud en été. La température moyenne pour le mois de juillet est de vingt-deux degrés. En janvier, il y a beaucoup de neige et la température moyenne est de moins huit degrés.

(b) What is the weather like in summer in Casablanca?
Extract from script:

Djamila : Moi, c'est Djamila. J'habite à Casablanca, au Maroc. J'adore ma ville. Il fait chaud et sec en été avec des températures de vingt-sept degrés en moyenne. Il fait assez doux en hiver avec des températures d'environ quinze degrés en moyenne.

(c) In what season does it rain a lot in Cayenne?
Extract from script:

Pierre : Je m'appelle Pierre. Je suis très content de vivre à Cayenne en Guyane. C'est un pays tropical, donc il n'y a pas beaucoup de variations de température pendant l'année, mais il faut dire qu'il pleut beaucoup au printemps.

Past exam question 1.11

Source: SEC Junior Cycle Final Examination Sample Paper, Section B: Reading, Question 12

Read the following text conversation and answer the questions below in English.

Fatima: Tu sais si le match de foot demain matin est annulé? 14:39

Aurélie: Pas sûr. Mais tu as vu le temps? 14:39

Fatima: Oui, il pleut fort et le terrain est déjà en mauvais état! 14:39

Aurélie: Tu as raison. Je ne veux pas louer car il fait trop froid. 14:39

(b) Why does Fatima think that the match might be cancelled?

It is raining heavily and the pitch is already in bad condition/state.

(c) Why does Aurélie not want to play the match?

It is too cold.

Vocabulary

trop *too* **trop de/d'** *too much/too many*

À la maison/Chez moi (At home)
Les pieces de la maison (Rooms of the house)

la cuisine *the kitchen* **le salon** *the living room* **la salle de séjour** *the living room* **la salle à manger** *the dining room*

la salle de bain(s) *the bathroom* **le bureau** *the office* **la buanderie** *the utility room* **une chambre** *a bedroom*

le grenier *the attic* **le sous-sol** *the basement* **le garage** *the garage* **le jardin** *the garden*

Other vocabulary

Au rez-de-chaussée *On the ground floor* **En bas** *Downstairs*
Au premier étage *On the first floor* **En haut** *Upstairs*

Les différents types de maisons (Different types of homes)

une maison individuelle *a detached house*
un chalet *a bungalow*
un appartement *an apartment/flat*
une maison mitoyenne *a semi-detached house*
une caravane/roulotte *a mobile home*

Les meubles et les appareils électriques
(Furniture and electrical appliances)

 **un lit** *a bed*

 **une armoire** *a wardrobe*

 **une lampe** *a lamp*

 **une table de chevet/nuit** *a bedside table*

 **un bureau** *a desk*

 **un fauteuil** *an armchair*

 **un canapé** *a sofa*

 **une chaise** *a chair*

 **un miroir** *a mirror*

 **les étagères** *bookshelves*

 **une baignoire** *a bathtub*

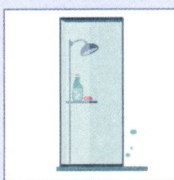 **une douche** *a shower*

 **un lavabo** *a sink*

 **des rideaux** *curtains*

 **une horloge** *a clock*

 **une table** *a table*

 **un tapis** *a rug*

 **une commode** *a chest of drawers*

 **un four à micro-ondes** *a microwave oven*

 **un lave-linge** *a washing machine*

 **un four** *an oven*

 **un lave-vaisselle** *a dishwasher*

 **une porte** *a door*

 **des murs** *walls*

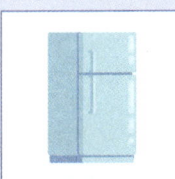 **un réfrigérateur** *a fridge*

Past exam question 1.12

Source: SEC Junior Cycle Final Examination 2022, Section A: Listening, Question 2

Listen carefully to three people describe their bedrooms. Write the name of the person under his/her bedroom.

(a) Sophie

Extract from script:

> **Sophie :** Moi, c'est Sophie. Dans ma chambre, il y a un lit double, un bureau, un ordinateur et une horloge. Les murs sont roses. C'est ma couleur préférée.

(b) Malik

Extract from script:

> **Malik :** Je m'appelle Malik. J'ai ma propre chambre. Il y a un lit, une table de chevet, des étagères et une guitare.

(c) Karine

Extract from script:

> **Karine :** Salut. Je m'appelle Karine. Ma chambre est toujours en désordre. Il y a des vêtements et des jouets partout. J'aime jouer aux jeux vidéo dans ma chambre. Les rideaux sont rouges.

1.    2.    3.

Answer: _____   Answer: _____   Answer: _____

Past exam question 1.13

Source: SEC Junior Cycle Final Examination 2023, Section A: Listening, Question 7

Sandrine wrote a blog about her recent house move. Listen carefully to her reading the blog and answer the questions below in **English**.

(a) Why did Sandrine move house? _____

(b) What is her mother's job? _____

(c) What rooms are downstairs? ....

(d) Where is her father's office? ....

(e) Name the items of furniture that Sandrine has in her bedroom. ....

Extract from script:

> Bonjour. Je vais vous parler de ma nouvelle maison. Nous avons déménagé parce que ma mère a trouvé un nouvel emploi. Elle est médecin, et maintenant elle travaille à l'hôpital en ville. Notre nouvelle maison est assez grande. En bas, il y a une cuisine, un salon, une salle à manger et une buanderie. En haut, il y a trois chambres et deux salles de bain et il y a un grenier aussi où mon père a son bureau. J'ai ma propre chambre. Je l'adore. Dans la chambre, il y a un lit, une armoire, des étagères et un bureau. C'est vraiment confortable.

Les nombres et les quantités
(Numbers and quantities)

Les nombres (Numbers)

1	un	20	vingt	21	vingt-et-un	200	deux-cents
2	deux	30	trente	25	vingt-cinq	300	trois-cents
3	trois	40	quarante	34	trente-quatre	400	quatre-cents
4	quatre	50	cinquante	46	quarante-six	500	cinq-cents
5	cinq	60	soixante	58	cinquante-huit	600	six-cents
6	six	70	soixante-dix	63	soixante-trois	700	sept-cents
7	sept	80	quatre-vingts	79	soixante-dix-neuf	800	huit-cents
8	huit	90	quatre-vingt-dix	88	quatre-vingt-huit	900	neuf-cents
9	neuf	100	cent	92	quatre-vingt-douze	1000	mille
10	dix						

Les quantités (Quantities)

un kilo de *one kilo of*
un demi-kilo de *one half kilo of*
un quart de kilo de *one quarter kilo of*

un kilo et demi de *one and a half kilos of*
cent grammes de *100 grams of*

Les nombres ordinaux (Ordinals)

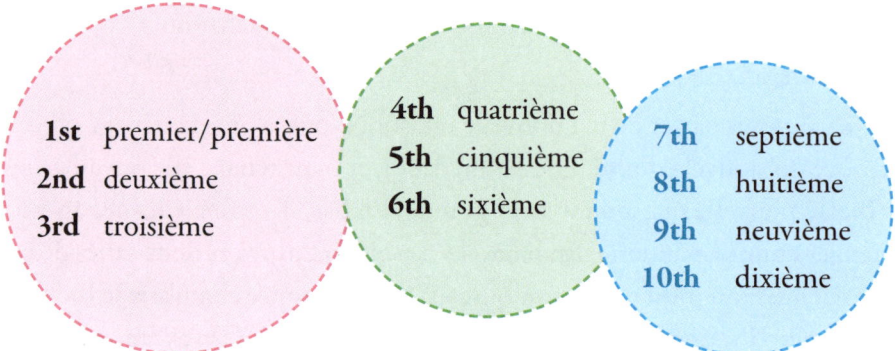

- 1st premier/première
- 2nd deuxième
- 3rd troisième
- 4th quatrième
- 5th cinquième
- 6th sixième
- 7th septième
- 8th huitième
- 9th neuvième
- 10th dixième

Past exam question 1.14

Source: SEC Junior Cycle Final Examination 2023, Section A: Listening, Question 8

Listen carefully and answer the following question in **English**.

This survey ranked the countries most visited by tourists in Europe. Complete the table below by writing the country or number of visitors in the spaces provided.

Country	Number of visitors
France	
	73 million
Italy	
	49 million
Germany	

Extract from script:

Quels sont les pays les plus visités en Europe en 2019 ? Le pays le plus visité en Europe est la France avec quatre-vingt-huit millions de visiteurs. En deuxième place se situe l'Espagne avec soixante-treize millions de touristes. Ensuite l'Italie avec cinquante-six millions de visiteurs. Le Royaume-Uni est en quatrième place avec quarante-neuf millions de touristes. En cinquième place est l'Allemagne avec quarante-cinq millions de visiteurs.

Les couleurs (Colours)

	Masc. sing.	Fem. sing.	Masc. plur.	Fem. plur.	
	rouge	rouge	rouges	rouges	*red*
	jaune	jaune	jaunes	jaunes	*yellow*
	rose	rose	roses	roses	*pink*
	vert	verte	verts	vertes	*green*
	bleu	bleue	bleus	bleues	*blue*
	noir	noire	noirs	noires	*black*
	brun	brune	bruns	brunes	*brown*
	gris	grise	gris	grises	*grey*
	blanc	blanche	blancs	blanches	*white*
	violet	violette	violets	violettes	*purple*
	orange	orange	orange	orange	*orange*
	marron	marron	marron	marron	*chestnut*

key point

Like all adjectives, colours must agree with the noun they are describing: they must be in the masculine or feminine, singular or plural form. There are two exceptions: **marron** and **orange**.

La technologie (Technology)

Information relating to technology often features in the exam.

l'informatique
IT/computers

les appareils, les dispositifs
devices

un (téléphone) portable
a mobile phone

une tablette
a tablet

une console
a gaming console

des écouteurs (masc. pl.)
headphones

un casque
a headset

un (ordinateur) portable
a laptop computer

un téléviseur
a TV set

une connexion wifi
a Wi-Fi connection

des écrans (masc. pl.)
screens

des applications (fem. pl.)
applications

la Toile
the Internet/the web

un courriel
an email

VOCABULARY

Les activités (Activities)

1 +	2 +	3
Pendant mon temps libre *In my free time*	**j'aime bien** *I really like*	**regarder des clips vidéo sur mon téléphone portable** *to watch/watching videos on my mobile (phone)*
	je passe des heures à *I spend hours*	**jouer à des jeux vidéo** *to play/playing video games*
	j'adore *I love*	**tchatter avec mes amis sur les réseaux sociaux (mpl)** *to chat/chatting online with friends on social media*
		télécharger des films et de la musique *to download/downloading movies and music*
		faire des achats en ligne/faire du shopping en ligne *to shop/shopping online*
Quand je dois faire un travail scolaire *When I have to do schoolwork*	**j'utilise mon portable ou ma tablette pour** *I use my laptop or my tablet to*	**trouver des informations** *to find information*
		chercher des images *to search/look for images*
		faire des recherches *to do research*

Past exam question 1.15

Source: SEC Junior Cycle Final Examination Sample Paper, Section A: Listening, Question 5

Listen carefully to this conversation between two friends and answer the questions below in **English**.

(a) Why did Karine's parents buy her a smartphone?
- [ ] She did well in an exam.
- [ ] She lost her last phone.
- [ ] It was her birthday recently.

Extract from script:

Simon : Salut, Karine, ça va ? Je vois que tu as un nouveau portable.

Karine : Salut, Simon. Ça va? Oui, mes parents m'ont acheté un nouveau smartphone **pour mon anniversaire**. C'est formidable ! Mais j'ai dû changer de numéro.

Answer
For her birthday

(b) Write in the rest of Karine's new phone number.

06   20   ....

Extract from script:

Simon : Ah! Je vais le noter.
Karine : C'est le 06.20. **quatre-vingt-trois, cinquante-cinq, dix-huit**.
Simon : Le 06.20. **quatre-vingt-trois, cinquante-cinq, dix-huit**?
Karine : Oui, c'est ça. J'ai déjà téléchargé quelques applications.

Answer
06-20-83-55-18

When providing a phone number in French, people refer to the number in tens as opposed to units. For example, 29365413 would be **vingt-neuf**, **trente-six**, **cinquante-quatre**, **treize**.

(c) Name one advantage of the app that Simon recommends.

....

Extract from script:

Simon : Super! Moi, j'ai une appli qui m'aide beaucoup avec le travail scolaire. Tu devrais l'essayer.

Karine : Oui !

Simon : Il y a beaucoup d'avantages avec cette appli. **C'est gratuit et très facile à utiliser**.

Answer
It is free./It's easy to use.

(d) What two subjects does Karine mention?

(i) ....

(ii) ....

Extract from script:

> **Karine :** Très bien. Je vais demander à mes parents si je peux la télécharger. J'ai des difficultés en **histoire et en français** en ce moment.
>
> **Answer**
> History and French.

Les moyens de transport (Modes of transport)

voyager *to travel*
aller *to go*
circuler *to get about*
partir *to leave*
faire une excursion *to go on an excursion*
faire une sortie *to go on a day trip*
un trajet *a trip/journey*
en train *by train*
en autobus *by bus*
en autocar *by coach*
en avion *by plane*
en tram *by tram*
en métro *by underground*
en bateau *by boat*
en ferry *by ferry*
en voiture *by car*
en moto *by motorbike*
en vélo *by bike*
le quai (de gare) *(station) platform*
l'arrêt de bus *bus stop*
l'aéroport *airport*
l'arrêt de tram *tram stop*
l'arrêt de métro *metro stop*
la station de metro *metro station*
le port *the port/harbour*
le port de ferry *ferry port*
la station-service *petrol station*

Other vocabulary

acheter un billet *to buy a ticket*	**la gare (ferroviaire)** *the train station*
un aller simple *a one-way ticket*	**la gare (routière)** *(bus) station*
un aller-retour *a return ticket*	**l'horaire** *timetable*

Past exam question 1.16

Source: SEC Junior Cycle Final Examination 2022, Section A: Listening, Question 4

(c) Name **two** modes of transport that will operate as normal that day.

(1) ....

(2) ....

Extract from script:

> **Annonceur :** La maire de Paris organise une journée sans voitures dimanche prochain. Les voitures seront interdites à Paris. Les Parisiens pourront profiter de la ville au calme et sans pollution. Depuis deux mille quinze (2015), un jour par an, les voitures ne circulent pas à Paris. **Les bus**, **le métro** et **les trains** fonctionnent normalement.

Past exam question 1.17

Source: SEC Junior Cycle Final Examination Sample Paper, Section A: Listening, Question 1

Listen carefully and give the answer to each question by putting a tick (✓) in the correct box.

(c) Ces deux personnes parlent dans

☐ ☐ ☐ ☐

VOCABULARY

> Extract from script:
>
> **Femme :** Je voudrais **un billet aller-retour** pour Nice, s'il vous plaît.
>
> **Homme :** Pas de problème, madame. Vous voulez prendre quel **train** ?
>
> **Femme :** Celui de dix-huit heures quinze, s'il vous plaît ? Ça coûte combien, monsieur ?
>
> **Homme :** Vingt-deux euros cinquante, madame.
>
> **Femme :** Parfait.
>
> **Homme :** Très bien, madame. **Le train** part du **quai** numéro dix.

Les directions (Directions)

1 +	2 +	3
Tournez *Turn*	à gauche *left*	
	à droite *right*	
Prenez la *Take the*	première *first*	(rue) à gauche *(street on the) left*
	deuxième *second*	(rue) à droite *(street on the) right*
	troisième *third*	

Other vocabulary

allez jusqu'aux feux *go as far as the lights*

continuez tout droit *continue straight on*

allez tout droit *go straight on*

traversez le pont *cross the bridge*

traversez la place *cross the square*

Les prépositions (Prepositions)

à côté de *beside/next to*
à droite de *to the right of*
à gauche de *to the left of*
derrière *behind*
devant *in front of*
en face de *opposite*
entre *between*
loin de *far from*
près de *near/close to*
avant *before*
après *after*
est situé(e)/se trouve *is situated/located*

Exercise 1.9

Match the directions in French (1–4) to the translations (A–D).

Où est la gare, s'il vous plait ?

1. Pour aller à la gare, prenez la première rue à gauche, traversez la place, allez tout droit et la gare se trouve à droite, en face de la banque.

Pour arriver au cinéma, s'il vous plait ?

2. Allez tout droit jusqu'aux feux. Après la pharmacie, prenez la première à droite et c'est à droite.

Il y a une boulangerie près d'ici, s'il vous plait ?

3. Oui, c'est tout près. Prenez la troisième rue à gauche et la boulangerie est entre la banque et la bibliothèque.

Où est l'église, s'il vous plait ?

4. Prenez la troisième à droite, allez tout droit, traversez le pont et l'église est à droite de la gare.

Directions translated

A. Yes, it's very close by. Take the third street on the left and the bakery is between the bank and the library.

B. Go straight on up to the traffic lights. After the pharmacy take the first right and it is on the right.

C. To get to the station, take the first street on the left, cross the square, go straight on and the station is on the right, opposite the bank.

D. Take the third right, go straight on, cross the bridge, and the church is to the right of the station.

1.	
2.	
3.	
4.	

Past exam question 1.18

Source: SEC Junior Cycle Final Examination 2022, Section A: Listening, Question 3

Listen carefully to the following conversation and answer the questions in **English**.

(a) Which number bus should the tourist take in order to reach the museum?

....

(b) To get to the bus stop, the man will have to
- [ ] cross the bridge
- [ ] take the first street on the left
- [ ] continue straight ahead
- [ ] take the second street on the right

(c) What building is next to the bus stop?

....

(d) What further information does the man want?

....

Extract from script:

Dame : Bonjour, monsieur. Je peux vous aider ?

Monsieur : Bonjour, madame. Je cherche le musée d'art moderne. C'est près d'ici ?

Dame : Vous devriez prendre le bus numéro trente, direction Gare du Nord.

Monsieur : D'accord. Où se trouve l'arrêt de bus, s'il vous plaît ?

Dame : C'est assez facile. Prenez la première rue à gauche. L'arrêt de bus est à côté de l'hôpital.

Monsieur : Merci. Une dernière question. Le musée ferme à quelle heure ?

Dame : Il ferme à dix-huit heures aujourd'hui.

Monsieur : Merci, madame.

When segments of the passage are about asking/giving directions, there is often a follow-up question relating to that destination which has nothing to do with the directions.

À quelle heure ferme … ?	À quelle heure ferme la banque ? *At what time does the bank close?*
À quelle heure ouvre … ?	À quelle heure ouvre le supermarché ? *At what time does the supermarket open?*
… est ouvert(e) ?	Le théâtre est ouvert ? *Is the theatre open?* La bibliothèque est ouverte ? *Is the library open?*
… est loin d'ici ?	Le cinéma est loin d'ici ? *Is the cinema far from here?*
… est près d'ici ?	La poste est près d'ici ? *Is the post office near here?*

Qu'est-ce qu'il y a dans ton cartable ?
(What's in your school bag?)

un stylo
a pen

un taille-crayon
a pencil sharpener

un agenda scolaire
a school diary

un cahier
a copybook

un livre
a book

un feutre
a marker

un crayon
a pencil

un cartable
a school bag

un bâton de colle
a glue stick

un surligneur
a highlighter

une gomme
an eraser

une règle
a ruler

une boîte à déjeuner
a lunchbox

une trousse
a pencil case

une clé de casier
a locker key

une calculatrice
a calculator

une bouteille d'eau *a water bottle*

des ciseaux (masc. pl.)
scissors

des classeurs (masc. pl.)
folders

des crayons de couleur (masc. pl.)
colouring pencils

Past exam question 1.19

Source: SEC Junior Cycle Final Examination 2022, Section A: Listening, Question 1

(b) Stéphane veut acheter

   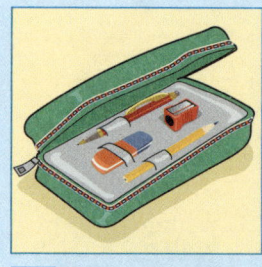

☐ ☐ ☐ ☐

Extract from script:

Stéphane :	Maman, on peut aller à **la papeterie** ce matin ?
Maman :	Pas de problème, Stéphane. Qu'est-ce que tu veux acheter ?
Stéphane :	J'ai besoin de **crayons de couleur** pour le cours de dessin.
Maman :	D'accord. On part bientôt.

Les villes principales en France
(The main cities in France)

Write a list of the French cities from the map, dividing them depending on whether they are in the north, south, east or west of the country.

Les villes situées dans le nord

_____
_____
_____
_____
_____
_____
_____
_____
_____

Les villes situées dans le sud

_____
_____
_____
_____
_____
_____
_____
_____
_____

VOCABULARY

Les villes situées dans l'est

_____
_____
_____
_____
_____
_____
_____
_____
_____

Les villes situées dans l'ouest

_____
_____
_____
_____
_____
_____
_____
_____
_____

Les 26 capitales de l'Union européenne
(The 26 capitals of the European Union)

Using your knowledge of French and geography, match the EU capital city to the country.

La capitale *The capital*		Le pays *The country*	
1	Amsterdam	A	L'Allemagne
2	Athènes	B	L'Autriche
3	Berlin	C	La Belgique
4	Bratislava	D	La Bulgarie
5	Bruxelles	E	Chypre
6	Bucarest	F	Le Danemark
7	Budapest	G	L'Espagne
8	Copenhague	H	L'Estonie
9	Dublin	I	La Finlande
10	Helsinki	J	La France
11	La Valette	K	La Grèce
12	Lisbonne	L	La Hongrie
13	Ljubljana	M	L'Irlande
14	Luxembourg	N	L'Italie
15	Madrid	O	La Lettonie
16	Nicosie	P	La Lituanie
17	Paris	Q	Le Luxembourg
18	Prague	R	Malte
19	Riga	S	Les Pays-Bas
20	Rome	T	La Pologne
21	Sofia	U	Le Portugal
22	Stockholm	V	La République tchèque
23	Tallinn	W	La Roumanie
24	Varsovie	X	La Slovaquie
25	Vienne	Y	La Slovénie
26	Vilnius	Z	La Suède

1	S
2	K
3	....
4	....
5	....
6	....
7	....
8	....
9	....
10	....
11	....
12	....
13	....
14	....
15	....
16	....
17	....
18	....
19	....
20	....
21	....
22	....
23	....
24	....
25	....
26	P

2 Grammar

exam focus

In every section of the exam, the marking scheme demands correct and accurate grammar. Solid, accurate basics mean top language marks. When learning a second or third language, understanding grammar is essential. Grammar rules allow us to structure a language correctly and ensure greater accuracy and understanding. Grammar must be learned in a gradual, step-by-step fashion by following a logical sequence. If you find grammar confusing, follow this unit page by page, subtopic by subtopic. This should bring you back to basics in a very manageable way.

Grammar: the building blocks of language

Verb • Noun • Adjective
Pronoun • Article • Adverb

Les noms (Nouns)

In French, all nouns (name of person, place animal or thing) are assigned a gender and therefore the vast majority are either masculine or feminine. Every effort must be made to try and remember the gender of nouns which are commonly used at Junior Cycle French.

key point

Even though **temps** and **cours** end in the letter -s, they are in fact singular.

Common French masculine nouns

Masculine nouns can be preceded by **un** ('a'/'an'), **le** or **l'** ('the') or **du** or **de l'** ('some').

un, le, du

beurre *butter*	**jour** *day*	**sucre** *sugar*
bureau *office*	**lait** *milk*	**supermarché** *supermarket*
café *coffee*	**livre** *book*	**temps** *time/weather*
cartable *schoolbag*	**magasin** *shop*	**thé** *tea*
chocolat *chocolate*	**matin** *morning*	**train** *train*
collège *school*	**pain** *bread*	**vélo** *bicycle*
cours *lesson/class*	**portable** *mobile/laptop*	**village** *village*
fromage *cheese*	**stylo** *pen*	**voyage** *trip*

un, l', de l'

appartement *apartment*	**écran** *screen*
argent *money*	**hôtel** *hotel*
avion *aeroplane*	**ordinateur** *computer*

Common French feminine nouns

Feminine nouns can be preceded by **une** ('a'/'an'), **la** or **l'** ('the') or **de la** or **de l'** ('some').

une, la, de la

banque *bank*	**fenêtre** *window*	**salle** *room*
bibliothèque *library*	**journée** *day*	**semaine** *week*
bicyclette *bicycle*	**maison** *house*	**table** *table*
chambre *bedroom*	**mer** *sea*	**tablette** *tablet*
chance *luck*	**personne** *person*	**télévision** *television*
chose *thing*	**plage** *beach*	**viande** *meat*
classe *class*	**porte** *door*	**voiture** *car*
famille *family*	**rue** *street*	

l', de l'

année *year*	**école** *school*	**heure** *hour*
eau *water*	**église** *church*	**idée** *idea*

> When noting new nouns in your vocabulary copy, get into the habit of categorising the gender of the given noun. For example, you could write masculine nouns in blue pen and feminine nouns in black pen. Alternatively, assign a certain section of pages to masculine nouns and another section to feminine nouns.

Articles

The gender of the noun in French will determine which article is used.

	Masculine	Feminine	Before vowel or silent 'h'	Plural nouns
Definite article: 'the'	le	la	l'	les
Examples	**le livre** *the book*	**la maison** *the house*	**l'hôtel** *the hotel*	**les légumes** (masc. pl.) *the vegetables*
Indefinite article: 'a', 'an', 'some'	**un** *a/an*	**une** *a/an*		**des**
Examples	**un livre** *a book*	**une maison** *a house*	**un hôtel** *a hotel*	**des légumes** (masc. pl.) *some vegetables*
Partitive article: 'some', 'any'	**du**	**de la**	**de l'**	**des**
Examples	**du pain** *some bread*	**de la viande** *some meat*	**de l'eau** *some water*	**des personnes** (fem. pl.) *some people*
Demonstrative pronouns: 'this', 'these'	**ce** *this*	**cette** *this*	**cet** *this*	**ces** *these*
Examples	**ce livre** *this book*	**cette fille** *this girl*	**cet appartement** *this apartment*	**ces élèves** *these pupils*
Possessive adjectives: 'my', 'your', etc.				
my	mon	ma	mon	mes
Examples	mon frère	ma sœur	mon ami(e)	mes amis
your	ton	ta	ton	tes
his/her	son	sa	son	ses
our	notre	notre	notre	nos
your (plural)	votre	votre	votre	vos
their	leur	leur	leur	leurs

After a verb in the negative form, **du**, **de la**, **de l'** and **des** are shortened to **de** or **d'**. For example:
Je ne veux pas de légumes. *I don't want (any) vegetables.*

Exercise 2.1

Identify the gender of the nouns below and place **le**, **la** or **l'** before each noun. Check your answers against the lists on the previous pages.

1. le village
2. .... supermarché
3. .... plage
4. .... mer
5. .... vélo
6. .... télévision
7. .... voiture
8. .... livre
9. .... ville
10. .... chocolat
11. .... thé
12. .... maison
13. .... viande
14. .... pain
15. .... lait
16. .... portable
17. .... temps
18. .... train
19. .... famille
20. .... café
21. .... bureau
22. .... classe
23. .... collège
24. .... bibliothèque
25. .... cartable
26. .... cours
27. .... stylo
28. .... semaine
29. .... jour
30. .... voyage
31. .... hôtel
32. .... année
33. .... école
34. .... ordinateur
35. .... argent
36. .... avion
37. .... église
38. .... appartement
39. .... écran
40. .... heure

Exercise 2.2

Put the correct form of **du**, **de la**, **de l'**, **des** or **de/d'** into the gaps.

1. Chaque matin, je prends _____ café.
2. On doit consommer _____ légumes.
3. Le soir, ma mère mange _____ chocolat.
4. Je cherche _____ renseignements sur le métro de Paris.
5. As-tu _____ projets pour le weekend ?
6. Avec la glace, je voudrais _____ fraises, s'il vous plait.
7. Il faut acheter _____ lait au supermarché.
8. Je n'ai pas _____ temps, je suis vraiment pressé.
9. Je ne veux pas _____ eau.
10. Mon père n'achète jamais _____ frites.

Note: In Questions 8, 9 and 10, the verbs are in the negative form.

Les adjectifs (Adjectives)

Adjectives are used to give more information about a noun. In French, the noun and the adjective must agree, i.e. a feminine singular noun takes a feminine singular adjective. Generally speaking, you make an adjective agree by adding **-e**, **-s**, or **-es**.

Adjective	Masculine singular: base adjective	Feminine singular (add -e)	Masculine plural (add -s)	Feminine plural (add -es)
bleu blue	bleu	bleue	bleus	bleues
fatigué tired	fatigué	fatiguée	fatigués	fatiguées
grand big, tall	grand	grande	grands	grandes
intéressant interesting	intéressant	intéressante	intéressants	intéressantes
important important	important	importante	importants	importantes
noir black	noir	noire	noirs	noires
petit small, short	petit	petite	petits	petites

Adjectives that end in **-e** don't change: they're the same in both the masculine and feminine forms. You simply add **-s** to form the plural adjective.

Adjective	Masculine singular: base adjective	Feminine singular: base adjective	Masculine plural (add -s)	Feminine plural (add -s)
difficile *difficult*	difficile	difficile	difficiles	difficiles
facile *easy*	facile	facile	faciles	faciles
grave *serious*	grave	grave	graves	graves
jeune *young*	jeune	jeune	jeunes	jeunes
moderne *modern*	moderne	moderne	modernes	modernes
rouge *red*	rouge	rouge	rouges	rouges

Other ways to change the spelling of adjectives in order to agree are as follows:

Adjective	Masculine singular: base adjective	Feminine singular
dernier *last*	dern**ier**	**-er** → **-ère**: dernière
heureux *happy*	heur**eux**	**-eux** → **-euse**: heureuse
italien *italian*	ital**ien**	**-ien** → **-ienne**: italienne
gentil *kind*	gent**il**	double final consonant + **-e**: gentille
sportif *sporty*	sport**if**	**-if** → **-ive**: sportive

Exercise 2.3

Change the gender of the adjectives listed below.

	Masculine	Feminine
1	cher	chère
2	dangereux	
3	négatif	
4	haut	
5	vif	
6	nombreux	
7	moyen	
8	fier	
9	furieux	
10	drôle	

	Feminine	Masculine
11	difficile	
12	active	
13	première	
14	bonne	
15	impolie	
16	indienne	
17	intéressante	
18	délicieuse	
19	contente	
20	intelligente	

BAGS

In French, the vast majority of adjectives are placed after the noun. However, there is a small group of adjectives that are placed before the noun. The acronym BAGS makes this group easier to learn and remember!

| **B** Beauty | **A** Age | **G** Good or bad | **S** Size |

	Beauty		Age		Good or bad		Size		
	joli *pretty*	beau *beautiful*	vieux *old*	nouveau *new*	bon *good*	mauvais *bad*	grand *big, tall*	petit *small*	long *long*
Masc. sing.	joli	beau	vieux	nouveau	bon	mauvais	grand	petit	long
Fem. sing.	jolie	belle	vieille	nouvelle	bonne	mauvaise	grande	petite	longue
Masc. pl.	jolis	beaux	vieux	nouveaux	bons	mauvais	grands	petits	longs
Fem. pl.	jolies	belles	vieilles	nouvelles	bonnes	mauvaises	grandes	petites	longues
Masc. sing., vowel, h-		bel	vieil	nouvel					

Exercise 2.4

Put an appropriate adjective before each noun in the gap provided. Do not repeat any adjective twice! The first two are done for you.

1. Ce **petit / joli / beau** village s'appelle Sancerre.
2. Comment allez-vous passer les **grandes** vacances ?
3. Paris est une _____ ville.
4. Je vais fêter le _____ An chez mes grands-parents.
5. Il y a de _____ arbres dans le parc.
6. J'ai reçu de _____ cadeaux pour mon anniversaire.
7. Pierre est un _____ bébé.
8. Burj Al Arab est un très _____ hôtel situé à Dubaï.
9. Mon voisin, un très _____ homme, a 101 ans !
10. J'ai besoin d'un _____ portable, le mien est cassé.
11. Je vais faire une _____ promenade avec ma mère.
12. Il pleut tout le temps, j'en ai marre du _____ temps.

Notes

In France, the summer holidays are called **les grandes vacances**.

An is a masculine singular noun which starts with a vowel.

Hôtel and **homme** are masculine singular nouns that start with a silent h.

J'en ai marre du / de la / de l' / des *I am fed up with ...*

avoir besoin de *to need/to be in need of*

Exercise 2.5

Fill in the missing partitive articles, **du**, **de la**, **de l'** or **des** when asking for what you would like.

S'il vous plait, je voudrais …

1. _____ chocolat noir
2. _____ pain frais
3. _____ sauce délicieuse
4. _____ thé glacé
5. _____ beau temps
6. _____ poulet rôti
7. _____ café noir
8. _____ légumes verts
9. _____ lait chaud
10. _____ eau minérale
11. _____ frites
12. _____ soupe à la tomate
13. _____ gâteau au citron
14. _____ chaussures blanches
15. _____ chaussettes rouges

Vocabulary

je voudrais *I would like*

Les verbes (Verbs)

When we conjugate a verb in French, there is a set order:

Je/J' *I*	First person singular
Tu *You*	Second person singular
Il/Elle/On *He/She/It/One/We*	Third person singular
Nous *We*	First person plural
Vous *You*	Second person plural
Ils/Elles *They*	Third person plural

Tense 1: Le présent de l'indicatif

The present tense in French, just as in English, describes actions and events that are repetitive, habitual or routine as well as actions that are happening at the present moment. Therefore, the present tense is often used with the following time expressions:

toujours	always	le lundi	on Monday/on Mondays		
quelque fois/ parfois	sometimes	de temps en temps	from time to time		
		normalement/ d'habitude	normally/usually		
le matin	in the morning	une fois	once	par jour	day
		deux fois	twice	par semaine	week
l'après-midi	in the afternoon			par mois	month
le soir	in the evening/ at night	chaque	every/ each	jour	day
				matin	morning
tous les jours	every day			soir	evening/ night
souvent	often				

Formation

In order to conjugate a verb in French in the present tense, simply drop the **-er**, **-ir** or **-re** and add the appropriate verb ending. Here are the endings for all regular verbs in the present tense.

Regular verbs

Infinitive	Je/J'	Tu	Il/Elle	Nous	Vous	Ils/Elles
-er	-e	-es	-e	-ons	-ez	-ent
Parler to speak	**Je parle** I speak, I am speaking	**Tu parles** You speak, You are speaking	**Il/Elle parle** He/She speaks, He/She is speaking	**Nous parlons** We speak, We are speaking	**Vous parlez** You speak, You're speaking	**Ils/Elles parlent** They speak, They are speaking
-ir	-is	-is	-it	-issons	-issez	-issent
Finir to finish	**Je finis** I finish, I am finishing	**Tu finis** You finish, You are finishing	**Il/Elle finit** He/She finishes, He/She is finishing	**Nous finissons** We finish, We are finishing	**Vous finissez** You finish, You are finishing	**Ils/Elles finissent** They finish, They are finishing
-re	-s	-s	—	-ons	-ez	-ent
Perdre to lose	**Je perds** I lose, I am losing	**Tu perds** You lose, You are losing	**Il/Elle perd** He/She loses, He/She is losing	**Nous perdons** We lose, We are losing	**Vous perdez** You lose, You are losing	**Ils/Elles perdent** They lose, They are losing

For all reflexive verbs (starting with **se** or **s'**), a reflexive pronoun is placed before the verb.

| me/m' | te/t' | se/s' | nous | vous | se/s' |

> **key point**
>
> Treat the verb ending like a maths formula or a pattern that you learn and then apply it to the verb.

In summary, the verbs endings for **le present de l'indicatif** are as follows:

First, second and third persons singular				First, second and third persons plural		
	Je/J'	Tu	Il/Elle/On	Nous	Vous	Ils/Elles
-er	-e	-es	-e	-ons	-ez	-ent
-ir	-is	-is	-it	-issons	-issez	-issent
-re	-s	-s	—	-ons	-ez	-ent

Exercise 2.6

Conjugate the verbs in French and then write the English equivalent.

Infinitive	Je	Tu	Il/Elle	Nous	Vous	Ils/Elles
aimer *to like*						
In English						
jouer *to play*						
In English						
entendre *to hear*						
In English						
attendre *to wait*						
In English						
choisir *to choose*						
In English						
remplir *to fill*						
In English						

> **exam focus**
>
> It is not enough to be able to conjugate/write verbs in French; it is also essential to know what the verb means in English.

Exercise 2.7

Conjugate the reflexive verbs below and write in the English equivalent. Don't forget that reflexive verbs take a reflexive pronoun before the conjugated verb.

Infinitive	Je	Tu	Il/Elle	Nous	Vous	Ils/Elles
Reflexive pronouns	me/m'	te/t'	se/s'	nous	vous	se/s'
se lever *to get up*	Je me lève	Tu te lèves	Il/Elle se lève	Nous nous levons	Vous vous levez	Ils/Elles se lèvent
In English	I get up	You get up	He/She gets up	We get up	You get up	They get up
se doucher *to shower*						
In English						
s'habiller *to get dressed*						
In English						

Irregular verbs in **le présent de l'indicatif**

Here are the ten most commonly used irregular verbs in French. It is imperative that you know them by heart.

1. Avoir *To have*

J'ai	Tu as	Il/Elle a	Nous avons	Vous avez	Ils/Elles ont

2. Être *To be*

Je suis	Tu es	Il/Elle est	Nous sommes	Vous êtes	Ils/Elles sont

3. Aller *To go*

Je vais	Tu vas	Il/Elle va	Nous allons	Vous allez	Ils/Elles vont

4. Faire *To do/to make*

Je fais	Tu fais	Il/Elle fait	Nous faisons	Vous faites	Ils/Elles font

5. Vouloir *To want*

| Je veux | Tu veux | Il/Elle veut | Nous voulons | Vous voulez | Ils/Elles veulent |

6. Pouvoir *Can/to be able to*

| Je peux | Tu peux | Il/Elle peut | Nous pouvons | Vous pouvez | Ils/Elles peuvent |

7. Devoir *To have to*

| Je dois | Tu dois | Il/Elle doit | Nous devons | Vous devez | Ils/Elles doivent |

8. Sortir *To go out*

| Je sors | Tu sors | Il/Elle sort | Nous sortons | Vous sortez | Ils/Elles sortent |

9. Partir *To leave*

| Je pars | Tu pars | Il/Elle part | Nous partons | Vous partez | Ils/Elles partent |

10. Prendre *To take*

| Je prends | Tu prends | Il/Elle prend | Nous prenons | Vous prenez | Ils/Elles prennent |

Exercise 2.8

Using the jumbled verbs from the box below, conjugate the verbs **être**, **avoir**, **aller** and **faire**.

Être	Avoir	Aller	Faire
Je	J'	Je	Je
Tu	Tu	Tu	Tu
Il/Elle	Il/Elle	Il/Elle	Il/Elle
Nous	Nous	Nous	Nous
Vous	Vous	Vous	Vous
Ils/Elles	Ils/Elles	Ils/Elles	Ils/Elles

faisons   a   vont   sommes   font   est   avez   vais   es
fais   allons   as   êtes   allez   fait   suis   ont   va   faites
sont   avons   fais   vas   ai

GRAMMAR

Exercise 2.9

Conjugate the irregular verbs **devoir**, **vouloir**, **prendre**, **partir** and **sortir** and translate the verbs into English.

Pouvoir	Can/to be able to
Je peux	I can / I am able to
Tu peux	You can / You are able to
Il/Elle peut	He / She can He / She is able to
Nous pouvons	We can / We are able to
Vous pouvez	You can / You are able to
Ils/Elles peuvent	They can / They are able to

Devoir	To have to

Vouloir	To want

Prendre	To take

Partir	To leave

Sortir	To go out

Tense 2: Le passé composé

Just as in English, the past tense in French describes actions and events that were carried out in the past. Therefore, sentences in the past tense are often used with the following time expressions:

hier	yesterday	le lundi	on Monday/last Monday
hier matin	yesterday morning	la semaine dernière	last week
hier après-midi	yesterday afternoon	le weekend le weekend dernier	at the weekend last weekend
hier soir	last night		
avant-hier	the day before yesterday	le mois dernier	last month
il y a + time = ago		l'année dernière	last year
Il y a quelques minutes	a few minutes ago	l'été dernier	last summer

Formation and overview

In order to conjugate a verb in the past tense in French, we need to use one of the two auxiliary verbs (literally, verbs that help us) **avoir** and **être** in the present tense and then add a past participle:

Passé composé = present tense of **avoir** or **être** + past participle (**-é**, **-i**, **-u**).

AVOIR	J'ai	Tu as	Il/Elle a	Nous avons	Vous avez	Ils/Elles ont
ÊTRE	Je suis	Tu es	Il/Elle est	Nous sommes	Vous êtes	Ils/Elles sont

To form the past participle of a regular verb, do the following:

-er verbs: **-er** → **-é**

Examples

Infinitive	Past participle
manger	*mangé*
donner	*donné*
trouver	*trouvé*
aller	*allé(e)(s)(es)*
rester	*resté(e)(s)(es)*

-ir verbs: **-ir** → **-i**

Examples

Infinitive	Past participle
finir	*fini*
réussir	*réussi*
choisir	*choisi*
sortir	*sorti(e)(s)(es)*
partir	*parti(e)(s)(es)*

key point

When forming the past participle of **-er** verbs, don't forget the acute accent on the **-é**. J'ai joue is incorrect: it should be **J'ai joué** (I played).

-re verbs: **-re** → **-u**

Examples

Infinitive	Past participle
entendre	*entendu*
vendre	*vendu*
attendre	*attendu*
perdre	*perdu*
descendre	*descendu(e)(s)(es)*

Verbs that take **être**

Être is used to form the past tense of two distinct groups of verbs:
1. DR & MRS VANDERTRAMP
2. All reflexive verbs.

ÊTRE	Je suis	Tu es	Il/Elle est	Nous sommes	Vous êtes	Ils/Elles sont
+ past participle (agreement required)						

DR & MRS VANDERTRAMP

'DR & MRS VANDERTRAMP' is a mnemonic commonly used to help us remember the list of verbs that take **être** as the auxiliary verb when conjugating the **passé composé** tense. Each one of the sixteen letters represents a French infinitive verb.

	Infinitive		Masc. sing.	Fem. sing.	Masc. pl.	Fem. pl.
D	devenir	to become	devenu	devenue	devenus	devenues
R	revenir	to come back	revenu	revenue	revenus	revenues
M	monter	to get on	monté	montée	montés	montées
R	rester	to stay	resté	restée	restés	restées
S	sortir	to go out	sorti	sortie	sortis	sorties
V	venir	to come	venu	venue	venus	venues
A	aller	to go	allé	allée	allés	allées
N	naître	to be born	né	née	nés	nées
D	descendre	to go down	descendu	descendue	descendus	descendues
E	entrer	to enter/go in	entré	entrée	entrés	entrées
R	rentrer	to return	rentré	rentrée	rentrés	rentrées
T	tomber	to fall	tombé	tombée	tombés	tombées
R	retourner	to return	retourné	retournée	retournés	retournées
A	arriver	to arrive	arrivé	arrivée	arrivés	arrivées
M	mourir	to die	mort	morte	morts	mortes
P	partir	to leave	parti	partie	partis	parties

Agreement

When **être** is used as an auxiliary verb to conjugate the **passé composé**, the past participle and the subject (person who did the action) must agree, i.e. masculine singular, feminine singular (+ **-e**), masculine plural (+ **-s**) or feminine plural (+ **-es**).

GRAMMAR

Exercise 2.10

Fill in the missing infinitive verbs below.

D	....	to become
R	....	to come back
M	....	to get on
R	....	to stay
S	....	to go out
V	....	to come
A	....	to go
N	....	to be born
D	....	to go down
E	....	to enter/go in
R	....	to return
T	....	to fall
R	....	to return
A	....	to arrive
M	....	to die
P	....	to leave

Examples

1. Hier après-midi, **je suis allé** au cinéma avec Amélie. **Je suis sorti** du cinéma à 18h. À 18:30, **je suis arrivé** chez moi. **Je suis resté** à la maison toute la soirée.

2. Hier après-midi, **je suis allée** au cinéma avec Simon. **Je suis sortie** du cinéma à 18h. À 18:30, **je suis arrivée** chez moi. **Je suis restée** à la maison toute la soirée.

3. Hier après-midi, **Amélie et Simon sont allés** au cinéma ensemble. **Ils sont sortis** du cinéma à 18h. À 18:30, **ils sont arrivés** chez eux. **Ils sont restés** à la maison toute la soirée.

4. Hier après-midi, **Nicole et Matilde sont allées** au cinéma ensemble. **Elles sont sorties** du cinéma à 18h. À 18:30, **elles sont arrivées** chez elles. **Elles sont restées** à la maison toute la soirée.

Exercise 2.11

Translate the following sentences using **être** and the past participle.

1. Yesterday, I went to the beach with my family. (aller)

2. My family and I arrived at the hotel last night. (arriver)

3. I returned home from France last weekend. (rentrer)

4. On Saturday, I went out with my friends. (sortir)

5. My family and I stayed at home all weekend. (rester)

Exercise 2.12

Write the infinitive verbs represented by DR & MRS VANDERTRAMP from memory.

D	R	M	R	S	V	A	N
							naître
D	E	R	T	R	A	M	P
						mourir	

Reflexive verbs

In the **passé composé**, all reflexive verbs use **être** as the auxiliary verb with the reflexive pronoun and the past participle (agreement required).

Reflexive pronoun + être

Je **me** suis	Tu **t'**es	Il **s'**est	Elle **s'**est
Nous **nous** sommes	Vous **vous** êtes	Ils **se** sont	Elles **se** sont
+ **past participle** (agreement required)			

Example

S'amuser *To enjoy oneself*

Je **me** suis amusé	Tu **t'**es amusé	Il **s'**est amusé	Elle **s'**est amusée
Je **me** suis amusée	Tu **t'**es amusée		
Nous **nous** sommes amusés	Vous **vous** êtes amusés	Ils **se** sont amusés	Elles **se** sont amusées
Nous **nous** sommes amusées	Vous **vous** êtes amusées		

Vocabulary

s'arrêter *to stop*
s'habiller *to get dressed*
se brosser les dents *to brush your teeth*
se laver *to wash (oneself)*
se coucher *to go to bed*

se lever *to get up*
se doucher *to have a shower*
se promener *to go for a walk*
s'entendre (avec) *to get along (with)*
se réveiller *to wake up*

Exercise 2.13

Conjugate the reflexive verb below into the **passé composé**. Remember: reflexive pronoun + **être** + past participle.

se coucher *to go to bed*

Masc. sing.	Je		Masc. pl.	Nous
Fem. sing.	Je		Fem. pl.	Nous
Masc. sing.	Tu		Masc. pl.	Vous
Fem. sing.	Tu		Fem. pl.	Vous
Masc. sing.	Il		Masc. pl.	Ils
Fem. sing.	Elle		Fem. pl.	Elles

Sample exam question 2.1

Similar to SEC Junior Cycle Final Examination 2022, Section C: Writing, Question 14

In each sentence below, pick the correct option by putting a tick (✓) in the correct box.

1. Mes parents sont
   ☐ parti
   ☐ parties
   ☐ partis
   en vacances hier matin.

2. Elle s'est
   ☐ couchée
   ☐ couchées
   ☐ couche
   à minuit.

3. Mes amis et moi
   ☐ sont
   ☐ sommes
   ☐ suis
   allés au cinéma hier.

4. Le petit garçon est
   ☐ tombe
   ☐ tombée
   ☐ tombé
   dans le jardin.

5. Le samedi, ils se
   ☐ nous
   ☐ sont
   ☐ me
   bien amusés à la fête.

6. Ma sœur, Nicole, est
   ☐ rentrée
   ☐ rentré
   ☐ rentrées
   d'Australie il y a trois jours.

7. Le vol de Paris est
   ☐ arrivée
   ☐ arrive
   ☐ arrivé
   à l'heure, à 21:20.

Verbs that take avoir (To have)

Apart from the two **être** groups, **avoir** is used to form the past tense of every other verb in French, followed by the past participle.

With **avoir** + past participle, no agreement is necessary.

Examples

Infinitive	Past participle	Hier …
écouter to listen	écouté	J'ai écouté de la musique.
étudier to study	étudié	J'ai étudié le français.
aider to help	aidé	J'ai aidé à faire les tâches ménagères chez moi.
tchatter to chat online	tchatté	Mes amis et moi avons beaucoup tchatté.
ranger to tidy up	rangé	J'ai rangé ma chambre.
regarder to watch	regardé	Ma famille et moi avons regardé une comédie.
acheter to buy	acheté	J'ai acheté des vêtements en ligne.
préparer to make (food)	préparé	Mes parents ont préparé le diner ensemble.
télécharger to download	téléchargé	J'ai téléchargé un film.
rendre visite à to visit (someone)	rendu visite à	J'ai rendu visite à mes grands-parents.
commander to order (food)	commandé	Mon frère a commandé une pizza.
finir to finish	fini	J'ai fini mes devoirs.

Avoir and irregular past participles

Avoir is the auxiliary verb for many verbs that have an irregular past participle in the **passé composé**. Below is a list of the most common irregular past participles.

Infinitive	Past participle	Infinitive	Past participle	Infinitive	Past participle
faire	⟶ fait	offrir	⟶ offert	devoir	⟶ dû
dire	⟶ dit	ouvrir	⟶ ouvert	boire	⟶ bu
écrire	⟶ écrit	mettre	⟶ mis	lire	⟶ lu
connaitre	⟶ connu	prendre	⟶ pris	pouvoir	⟶ pu
vouloir	⟶ voulu	apprendre	⟶ appris	voir	⟶ vu
recevoir	⟶ reçu	être	⟶ été	avoir	⟶ eu

Translation of passé composé into English

The **passé composé** is the equivalent of two past tenses in the English language: the past simple and the present perfect. Therefore, depending on the context, a French **passé composé** verb has two possible translations into English.

Passé composé	Past simple	Present perfect
Je suis sorti(e) avec mes amis.	I went out with my friends.	I have gone out with my friends.
J'ai fait mes devoirs.	I did my homework.	I have done my homework.

Exercise 2.14

Translate the verbs from English into French using the infinitives below.

> travailler   ranger   tchatter   finir   écrire   aller   apprendre   manger
> arriver   lire   se doucher   écouter   voir   regarder   sortir
> étudier   entendre   se coucher   jouer   voyager

1. I have read.
2. I have gone to bed.
3. They watched.
4. We chatted online.
5. We went to school.
6. I played.
7. I have seen.
8. We went out.
9. He has arrived.
10. He tidied up.
11. They wrote.
12. I have had a shower.
13. I have heard.
14. We travelled.
15. She listened.
16. She has worked.
17. I finished.
18. I studied.
19. I have eaten.
20. I have learned.

key point

When translating a verb into **passé composé**, consider which infinitive verb you are conjugating and then ask yourself if it is an **avoir** or an **être** verb and if the past participle is regular or irregular. For example:
'I have seen': **avoir** + past participle of **voir** (irregular) = **J'ai vu**.
'I left': **être** + past participle of **partir** (regular) = **Je suis parti(e)**.

Past exam question 2.2

Source: SEC Junior Cycle Final Examination Sample Paper, Section A: Listening, Question 3

Listen carefully and tick (✓) the part of the body that each person is talking about.

(a) Séverine

Extract from script:

> **Médecin :** Qu'est-ce que tu as, Séverine ?
>
> **Séverine :** Lundi, je suis rentrée de l'école sous la pluie et je ne vais pas bien depuis, Docteur ! Je tousse et j'ai mal à la gorge.

(b) Omar

Extract from script:

> **Médecin :** Tu as un problème, Omar ?
>
> **Omar :** Oui, Docteur. J'ai mal au pied. Je suis tombé en jouant au basket et je pense que je me suis peut-être foulé le pied.

(c) Marie

Extract from script:

> **Médecin :** Alors Marie, tu as mal où ?
>
> **Marie :** J'ai mal au ventre, Docteur. Hier soir, j'ai mangé du poisson dans un restaurant et je me sens malade depuis.

In the script above, Séverine, Omar and Marie each use a **passé composé** verb to explain to the doctor what happened to them. Underline the **passé composé** verb or verbs in each conversation.

Exercise 2.15

Indicate whether the **passé composé** verbs are correct or incorrect. If the verb is incorrect, write the correct verb in the right column. The first two are done for you.

1.	Hier soir, j'ai téléchargé un film documentaire sur Internet.	✓	
2.	Il y a trois jours j'ai commencées à organiser les grandes vacances.	✗	j'ai commencé
3.	Dimanche, mes parents sont rendu visite à mes grands-parents.		
4.	Ce matin, mes amis et moi ai joué au football.		
5.	Les élèves ont parti à Paris avant-hier.		
6.	Je suis regardé la télévision avec mon frère tout l'après-midi.		
7.	Ce soir, ma sœur est sortie fêter son anniversaire avec ses amis.		
8.	Aujourd'hui, j'ai faite tous mes devoirs de mathématiques à l'école.		
9.	Tu as entendues la bonne nouvelle concernant la sortie scolaire ?		
10.	Le professeur d'anglais ont donné trop de devoirs pour le weekend.		
11.	Hier soir, je me suis couche à 21h, j'étais vraiment fatiguée.		
12.	Samedi soir, nous nous sommes bien amusés à la fête.		

Tense 3: L'imparfait

Formation

To form the **imparfait** you must:

- take the nous form of **le présent de l'indicatif**
- delete the **-ons** ending
- using this stem add the following endings:

Je	Tu	Il	Elle	Nous	Vous	Ils	Elles
-ais	**-ais**	**-ait**	**-ait**	**-ions**	**-iez**	**-aient**	**-aient**

Examples

Parler *To speak*
Nous form: **parlons**
Stem: **parl-**

| Je parlais | Tu parlais | Il/Elle parlait | Nous parlions | Vous parliez | Ils/Elles parlaient |

Finir *To finish*
Nous form: **finissons**
Stem: **finiss-**

| Je finissais | Tu finissais | Il/Elle finissait | Nous finissions | Vous finissiez | Ils/Elles finissaient |

Prendre *To take*
Nous form: **prenons**
Stem: **pren-**

| Je prenais | Tu prenais | Il/Elle prenait | Nous prenions | Vous preniez | Ils/Elles prenaient |

Aller *To go*
Nous form: **allons**
Stem: **all-**

| J'allais | Tu allais | Il/Elle allait | Nous allions | Vous alliez | Ils/Elles allaient |

Pouvoir *To be able to*
Nous form: **pouvons**
Stem: **pouv-**

| Je pouvais | Tu pouvais | Il/Elle pouvait | Nous pouvions | Vous pouviez | Ils/Elles pouvaient |

Jouer *To play*
Nous form: **jouons**
Stem: **jou-**

| Je jouais | Tu jouais | Il/Elle jouait | Nous jouions | Vous jouiez | Ils/Elles jouaient |

Être is the only completely irregular verb in **l'imparfait**.

| J'étais | Tu étais | Il/Elle était | Nous étions | Vous étiez | Ils/Elles étaient |

Exercise 2.16

Conjugate the verbs below into the **imparfait**.

Infinitive	Faire	Avoir	Partir	Sortir	Aimer
Stem	fais~~ons~~	av~~ons~~	part~~ons~~	sort~~ons~~	aim~~ons~~
Je					
Tu					
Il/Elle					
Nous					
Vous					
Ils/Elles					

Usages

1. The **imparfait** is used to describe repeated past actions often translating as 'used to' in English. For example:

   Quand **j'étais** enfant, **j'allais** au parc avec mes voisins, **je jouais** dans la rue avec mes amis, **je regardais** des dessins animés, **je jouais** au football, **j'adorais** Barney, **je faisais** de la natation et **je prenais** des céréales au chocolat comme petit-déjeuner. *When I was a kid, I used to go to the park with my neighbours, I used to play in the street with my friends, I used to watch cartoons, I used to play football, I used to love Barney, I used to go swimming and I used to have chocolate cereals for breakfast.*

2. The **imparfait** is used to describe the weather in the past tense.

   Pendant mes vacances, il faisait toujours très beau, il y avait du soleil et il faisait chaud. *During my holidays, the weather was always lovely, it was sunny and hot.*

3. The **imparfait** is used to describe feelings in the past (**être**, **avoir**, **sentir**).

   Hier soir, **je ne me sentais** pas bien. *Last night, I felt unwell.*

   Mes parents étaient ravis de mon bulletin scolaire. *My parents were delighted with my school report.*

   Dimanche, **il y avait** de l'orage et **les enfants avaient** peur. *It was stormy on Sunday, and the children were scared.*

4. The **imparfait** is used to describe time in the past.

   Il était minuit quand je suis arrivé(e) chez moi. *It was midnight when I got home.*

Tense 4: Le futur

This tense is used to describe actions that will take place in the future. Just as in English, there are two forms of the future tense in French: **le futur proche** and **le futur simple**. Sentences in the future tense are often used with the following time expressions:

demain	tomorrow	(le) lundi	on Monday
demain matin	tomorrow morning	la semaine prochaine	next week
demain après-midi	tomorrow afternoon	le weekend prochain	next weekend
demain soir	tomorrow night	le mois prochain	next month
après-demain	the day after tomorrow	l'année prochaine	next year
ce soir	tonight	l'été prochain	next summer
cet après-midi	this afternoon	ce weekend	this weekend
pendant les vacances	during the holiday	cet été	this summer

Le futur proche et le futur simple

Formation

Le futur proche		Le futur simple	
going to + infinitive verb		will + infinitive verb	
Aller Présent	**Infinitive er/ir/re**	**Infinitive er/ir/re**	**Verb endings**
Je vais — I'm going to	sortir	Je/J' — retourner	ai
Tu vas — You're going to	faire	Tu — étudier	as
Il va — He's going to	prendre	Il — apprendre	a
Elle va — She's going to	choisir	Elle — finir	a
Nous allons — We're going to	voyager	Nous — travailler	ons
Vous allez — You're going to	partir	Vous — regarder	ez
Ils vont — They're going to	rester	Ils — parler	ont
Elles vont — They're going to	acheter	Elles — donner	ont
	arriver		

Le futur proche exemple:

As-tu des projets pour le weekend ?

Do you have plans for the weekend?

Samedi matin, je vais jouer un match de basket et l'après-midi, je vais rendre visite à mes grands-parents. Dimanche, je vais étudier un peu et je vais sortir avec mes amis.

On Saturday morning, I am going to play a basketball match, and, in the afternoon, I am going to visit my grandparents. On Sunday, I am going to study a little, and I am going to go out with my friends.

Le futur simple

Formation

Personal pronoun + infinitive + **futur simple** ending.

Regular verbs

Arriver *To arrive*

J'arriverai	Nous arriverons
Tu arriveras	Vous arriverez
Il/Elle arrivera	Ils/Elles arriveront

Attendre *To wait*

J'attendrai	Nous attendrons
Tu attendras	Vous attendrez
Il/Elle attendra	Ils/Elles attendront

Finir *To finish*

Je finirai	Nous finirons
Tu finiras	Vous finirez
Il/Elle finira	Ils/Elles finiront

Note that apart from the nous and vous forms, the endings are the same as the present tense of avoir.

Irregular verbs

Unfortunately, many verbs in the future tense are irregular. Instead of using the infinitive verb, we use an irregular stem to which we add the **futur simple endings.**

The most common irregular **futur simple** stems are as follows:

Infinitive	Stem	Example
être	ser-	Je serai
avoir	aur-	J'aurai
aller	ir-	J'irai
faire	fer-	Je ferai
pouvoir	pourr-	Je pourrai
savoir	saur-	Je saurai
vouloir	voudr-	Je voudrai
venir	viendr-	Je viendrai
dire	dir-	Je dirai
voir	verr-	Je verrai

Note that when you conjugate **-re** verbs in the **futur simple**, the final **-e** is dropped before adding the ending.

Exercise 2.17

Finish the sentences below using the **futur proche** or the **futur simple**.

1. S'il fait beau aujourd'hui, ...
2. Si mes parents me donnent €50, ...
3. Si je ne dois pas travailler ce soir, ...
4. Si mes amis sortent au centre-ville, ...
5. Si je trouve un petit boulot, ...
6. Si le club annule le match, ...
7. S'il y a une grève des transports, ...
8. S'il pleut ce weekend, ...
9. Si je ne reçois pas les devoirs aujourd'hui, ...
10. Si je vais à Paris avec ma famille, ...

Vocabulary

si *if*	**annuler** *to cancel*
une grève *a strike*	**un petit boulot** *a part-time job*

Exercise 2.18

Translate the following verbs using **le futur proche** (going to) or **le futur simple** (will).

1. I'm going to read. ....
2. I will go to bed. ....
3. They will watch. ....
4. We'll chat online. ....
5. We will go. ....
6. I'm going to play. ....
7. I'm going to see. ....
8. We will go out. ....
9. He will arrive. ....
10. He's going to give. ....
11. They'll write. ....
12. I'll have a shower. ....
13. I'm going to hear. ....
14. We will travel. ....
15. She will listen. ....
16. She's going to work. ....
17. I'm going to finish. ....
18. I'm going to study. ....
19. I will eat. ....
20. I will learn. ....

Tense 5: Le conditionnel

The conditional tense is used, just as it in English, to describe actions that we **would** do.

Formation

Personal pronoun + infinitive + **conditionnel** endings.

French conditional stems are identical to future stems. Conditional endings are identical to imperfect endings.

Le conditionnel *would + infinitive verb*				
		Infinitive er/ir/re		Verb endings
Je/J'		retourner		-ais
Tu		étudier		-ais
Il		apprendre		-ait
Elle	+	finir	+	-ait
Nous		travailler		-ions
Vous		regarder		-iez
Ils		parler		-aient
Elles		donner		-aient

Le conditionnel *Irregularities*		
Infinitive	Irregular stem	Example *Je* form
Être	ser-	Je serais
Avoir	aur-	J'aurais
Aller	ir-	J'irais
Faire	fer-	Je ferais
Pouvoir	pourr-	Je pourrais
Vouloir	voudr-	Je voudrais
Venir	viendr-	Je viendrais
Dire	dir-	Je dirais

Most common irregular stems

Infinitive	Irregular stem	Example
être	ser-	Je serais
avoir	aur-	J'aurais
aller	ir-	J'irais
faire	fer-	Je ferais
pouvoir	pourr-	Je pourrais
vouloir	voudr-	Je voudrais
venir	viendr-	Je viendrais
dire	dir-	Je dirais

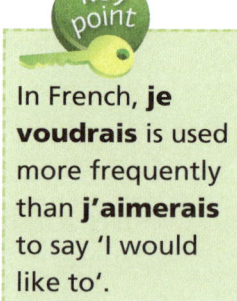

In French, **je voudrais** is used more frequently than **j'aimerais** to say 'I would like to'.

Je pourrais and **nous pourrions** could be used in an email in the Writing section of the exam. For example:
Si tu me rends visite, je pourrais aller avec toi à Galway et nous pourrions faire du surf ensemble. *If you visit me, I could go with you to Galway and we could surf together.*

3 Section A: Listening

- To help you develop an exam technique for the listening section. In addition to your knowledge of French, having a well-practised exam technique will give you more confidence and ensure that you are less likely to make any mistakes and more likely to gain top marks.
- To strategise a logical, results-driven approach to each question. Having a concrete approach to doing the exam is imperative. The way you do an exam of this importance should not be left to chance. You should know how best to tackle each task as it presents itself.
- To make the questions less daunting by building your confidence in your ability to do exam-style tasks. Clever, correct practice makes perfect. In this chapter you will be instructed on how best to do each kind of task. Repetition will build confidence as you develop efficient and foolproof exam methods.

General advice

When the recording for the Listening exam is played in the exam hall, it always starts with the standard instructions for the students who are sitting the exam. But by the time you sit the exam in June, you will be very familiar with how the exam is conducted, so use this time to read the upcoming questions.

- Pay particular attention to the written instructions that accompany each question.
- Ensure you write answers in the correct language, i.e. in English or French.
- Exploit the information contained in the questions themselves and create context.
- Anticipate potential vocabulary.
- Where applicable, anticipate potential answers.
- Never leave blanks. Make an intelligent guess if you don't know the answer. (There is no negative marking, so you won't lose marks if you give the wrong answer.)
- Each listening comprehension question/passage will be played three times. Once you have written an answer, double-check or indeed triple-check the answer the second and third time the passage is played.

Ensure you revise the main vocabulary themes regularly (see Chapter 1).

Questions with a visual prompt
Observations
Very often the listening task requires you to associate words you hear with an image or symbol you can see. When there is a visual prompt, use this to your advantage.

Technique
Before listening to the first playing of the passage, make the best use of those images by asking yourself if you can associate any French words (primarily verbs and nouns) with each picture.

- What **action** is being depicted/implied? (Verb)
- **What** or **who** can I see in the photo? (Nouns)

Keep the French words you associate with each image to mind, and, as each passage is played, listen out for any of those key words. Note also which words are not mentioned. Let's look at an example of a visual prompt on the next page.

SECTION A: LISTENING

Past exam question 3.1

Source: SEC Junior Cycle Final Examination 2022, Section A: Listening, Question 1

Listen carefully and complete each sentence by putting a tick (✓) in the correct box.

(a) Le père demande à sa fille Rose de

Verb: faire la lessive
Noun: le lave-linge
Other: les vêtements, sale(s)

Verb: passer l'aspirateur
Noun: le sol, le tapis
Other: les tâches ménagères

Verb: faire la vaisselle
Noun: les plats, la cuisine
Other: après le repas

Verb: faire le repassage
Noun: les vêtements
Other: secs, aider à

Extract from script:

Papa : Rose, tu peux m'aider avec **les tâches ménagères** cet après-midi ?

Rose : Oui, Papa.

Papa : Tu veux bien **faire la vaisselle**, s'il te plaît ?

Rose : La vaisselle, bien sûr Papa. J'aimerais gagner de l'argent de poche cette semaine !

(c) Cette jeune fille voudrait être

Verb: **Je voudrais ... être**
Noun: **médecin, infirmière**
Other: **docteur, hôpital**

Verb: **distribuer**
Noun: **factrice, des cartes/paquets**

Verb: **devenir, aider à**
Noun: **policière, carrière**

Verb: **travailler comme**
Noun: **professeur, enseignante, école**

Extract from script:

Monsieur : Vivienne, qu'est-ce que tu voudrais faire dans la vie ?
Vivienne : Je voudrais être infirmière, monsieur.
Monsieur : Super. À mon avis, ce sera une carrière idéale pour toi.
Vivienne : Merci, monsieur. Je vais continuer à étudier dur pour mes examens.

Exercise 3.1

You will hear three conversations. Listen carefully and give the answer to each question by putting a tick (✓) in the correct box.

Track

Scan this QR code to hear the audio

(a) Ces deux personnes parlent dans

(b) Michelle et sa mère parlent de

(c) Simon et son ami parlent de

Past exam question 3.2

Source: SEC Junior Cycle Final Examination 2022, Section A: Listening, Question 2

Listen carefully to three people describing their bedrooms.

Write the name of the person beside their bedroom.

(a) Sophie   **(b)** Malik   **(c)** Karine

(a) Extract from script:

Sophie : Moi, c'est Sophie. Dans ma chambre, il y a **un lit double**, **un bureau**, un ordinateur et une horloge. Les murs sont roses. C'est ma couleur préférée.

(b) Extract from script:

Malik : Je m'appelle Malik. J'ai ma propre chambre. Il y a **un lit**, **une table de chevet**, **des étagères** et **une guitare**.

(c) Extract from script:

Karine : Salut. Je m'appelle Karine. Ma chambre est toujours **en désordre**. Il y a des **vêtements** et des **jouets** partout. J'aime jouer **aux jeux vidéo** dans ma chambre. **Les rideaux sont rouges**.

exam focus

In a question like this, you must quickly differentiate between the various images, i.e. what features set them apart from one another. Consider differences relating to the furniture, the visible items, the colours, the condition (tidy/untidy), etc. Think of words related to what sets them apart and listen out for them in the recording.

key point

Note the French adjective **propre(s)** has two meanings in English: 'clean' and 'own', depending on the context.

Exercise 3.2

Listen carefully to three people describing their families. Write the name of the person below their family.

1. Amélie
2. Laïka
3. Marc

 *Track 2*

Scan this QR code to hear the audio

Questions that require you to provide personal details about the speaker

Observations

The passage may consist of a person talking about themselves by way of introduction. Alternatively, it could be in the format of a brief conversation between two strangers who introduce themselves to one another by exchanging their basic personal information: name, age, home, family, pastimes, pets, etc. Both people will speak in the **je** form, and verbs will be in the present tense. You will be familiar with the vocabulary and language from writing your own personal information and from the themes in your language portfolio.

Technique

Before listening to the first passage:

- Ensure it is clear to you what information is required: i.e. a number, a date, a school subject, a pet, a place, a sport, etc.
- Anticipate how the answer will be expressed.
- Ensure you write answers in French.
- As you listen to the passage a second and a third time, double-check and triple-check that you have written the correct answer.

Let's look at an example:

Past exam question 3.3

Source: SEC Junior Cycle Final Examination Sample Paper, Section A: Listening, Question 2

Track 3

Scan this QR code to hear the audio

Listen carefully to the conversation and fill in the details about each person in **French**.

	Sandrine	Conor
Âge		
Date d'anniversaire		
Ville où elle/il habite		
Nombre de sœurs		
Nombre de frères		

Anticipate

Âge:
- J'ai _____ ans
- _____ ans

Date d'anniversaire:
- **Mon anniversaire est le** + number + month

Ville où elle/il habite:
- **J'habite à** + town
- **Je suis de** + town

Nombre de sœurs:
- **J'ai une sœur**
- **J'ai** _____ sœurs

Nombre de frères:
- **J'ai un frère**
- **J'ai** _____ frères

key point

If the person has no brothers or sisters, they might say **Je suis fils/fille unique** or **Je n'ai ni frère ni sœur**.

Sample answer

	Sandrine	Conor
Âge	_____ ans	_____ ans
Date d'anniversaire	le [number] [month]	le [number] [month]
Ville où elle/il habite	À [town]	À [town]
Nombre de sœurs	1 / 2 / 3 / 4	1 / 2 / 3 / 4
Nombre de frères	1 / 2 / 3 / 4	1 / 2 / 3 / 4

 Track 4

Scan this QR code to hear the audio

Exercise 3.3

Listen carefully to the conversation and fill in the details about each person in French.

	Céline	Seán
Âge		
Date d'anniversaire		
Ville où il/elle habite		
Animal de compagnie		
Passetemps		

SECTION A: LISTENING

Questions that ask for directions

Exercise 3.4

Listen carefully to the following conversation and answer the questions in **English**.

(a) Where does the young woman want to go?

....

(b) To get there, she can take one of **two** trams. Which number trams?

(i) .... (ii) ....

(c) Where is the nearest tram stop? (Give full details) ....

....

....

....

(d) (i) How much does a tram ticket cost? ....

(ii) How can she buy a ticket? ....

key point

For vocabulary on transport and asking for or giving directions, see Chapter 1 (pages 31–34).

Track 5

Scan this QR code to hear the audio

Past exam question 3.4

Source: SEC Junior Cycle Final Examination 2023, Section A: Listening, Question 5

It is Sam's first day in his new school and he is lost. Listen carefully to the following conversation and answer the questions in **English**.

(a) What classroom is Sam looking for? Tick (✓) the correct box.

☐ computer room
☐ science lab
☐ music room

(b) What directions does the student give to Sam? ....

(c) What subject does Sam have just after break? ....

Extract from script

Sam :	Je voudrais trouver la salle d'informatique. Peux-tu m'aider s'il te plaît ?
Élève :	Sans problème, c'est assez facile. Tu vas tout droit et tu prends le deuxième escalier à gauche et c'est la salle numéro quarante-huit.
Sam :	Merci. J'ai un cours de géographie juste après la pause.

Questions that relate to ailments, injuries and doctors' visits

Observations

This type of information often comes up as part of a two-person dialogue, which can be informal (among friends or family) or formal (patient and doctor). The passage consists of a brief conversation between a person and their doctor. Each person is telling the doctor about their ailment or minor injury, mentioning the area of the body affected. In addition, each person explains how they became ill or injured, which often allows for repetition of the body part in question. Each person speaks in the **je** form. Their current ailment is expressed in the **présent de l'indicatif** tense, whereas the **passé composé** verbs explain how or why they became ill or injured. Clearly it is essential to be familiar with the parts of the body in French as well as vocabulary used to express illness and injury (see Chapter 1, page 11). However, understanding every word in the passage is not necessary. It is sufficient to understand the context and key words.

Technique

Before listening to the first passage:
- For each person, note which part of the body the arrows are highlighting.
- Ask yourself how you would label these areas of the body in French.
- As you hear each passage, listen out for those French words being mentioned.
- Anticipate the following scenario:

  Part 1. The doctor addresses their patient by their first name and asks them what's wrong with them. This question can be expressed in varying ways.

  Part 2. There is an explanation from the person as to how they became ill or injured.

  Part 3. The person states what ailment or injury they have that necessitates a doctor's visit.

  (See script below. Note that 2 and 3 may come in a different order.)
- Ensure you tick just one of the three boxes.
- As you hear the passage a second and a third time, double-check and then triple-check that you have chosen the correct area of the body.

Let's look at an example on the next page.

SECTION A: LISTENING

Past exam question 3.5

Source: SEC Junior Cycle Final Examination Sample Paper, Section A: Listening, Question 3

Listen carefully and tick (✓) the part of the body that each person is talking about.

(a) Séverine

Anticipate

The arrows are pointing to:

le cou *neck*
la gorge *throat*

le ventre *belly*
l'estomac *stomach*

le pied *foot*
la cheville *ankle*

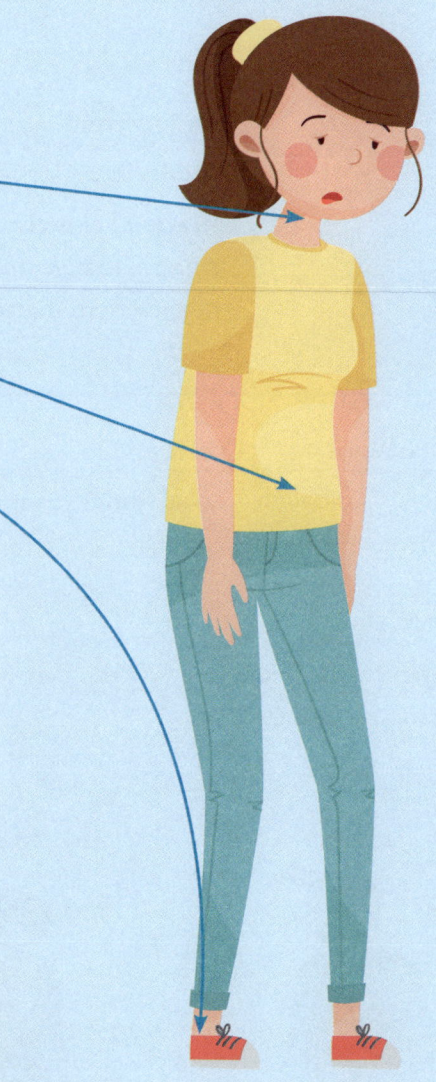

Extract from script:

Médecin : Qu'est-ce que tu as, Séverine ?
[Part 1 of scenario above.]

Séverine : Lundi, je suis rentrée de l'école sous la pluie et je ne vais pas bien depuis, Docteur ! [Part 2 of scenario above.] Je tousse et j'ai mal à la gorge. [Part 3 of scenario above.]

Do not forget parts of the body in French take the definite article, **le, la, l', les**. Only occasionally do people use possessive pronouns, e.g. **mon, ma, mes**.

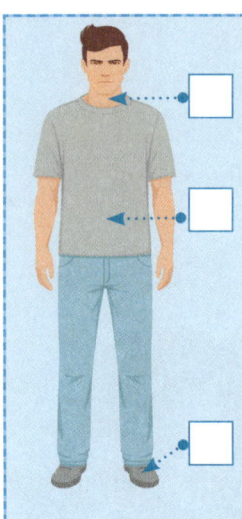

(b) Omar

Extract from script:

> **Médecin :** Tu as un problème, Omar ?
>
> **Omar :** Oui, Docteur. **J'ai mal au pied.** Je suis tombé en jouant au basket et je pense que je me suis peut-être foulé **le pied**.

(c) Marie

Extract from script:

> **Médecin :** Alors Marie, tu as mal où ?
>
> **Marie : J'ai mal au ventre**, Docteur. Hier soir, j'ai mangé du poisson dans un restaurant et je me sens malade depuis.

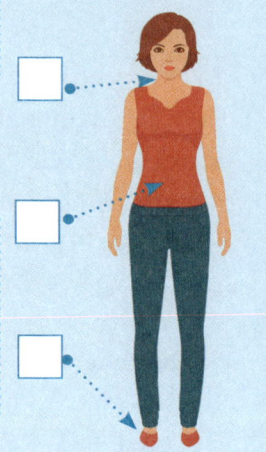

Vocabulary

tousser to cough   **se fouler** to sprain

Exercise 3.5

Listen carefully and tick (✓) the part of the body that each person is talking about.

Track 6

Scan this QR code to hear the audio

(a) Jacques

(b) Margot

(c) Jean

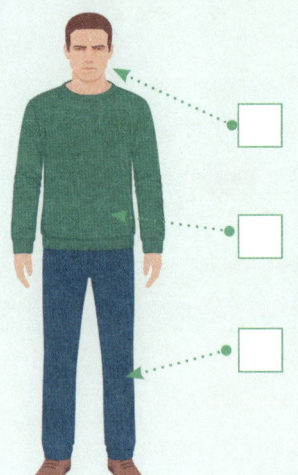
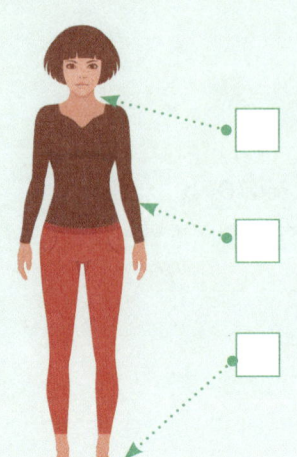
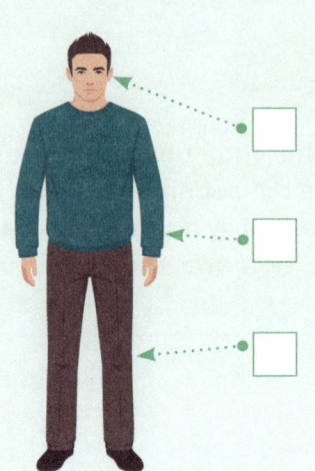

SECTION A: LISTENING

Questions that are in the format of a public announcement providing information on an event, an offer, a service, etc.

Observations

This question is likely to give details relating to an upcoming event, an offer or public information. The passage consists of an announcement; therefore, only one voice is heard. The announcer speaks in a neutral form and will use many verbs in the **future simple** and **future proche** if describing an upcoming event. Basic information on the event, offer or service is provided (e.g. location and dates) as well as more specific details. It is likely that the announcer will spell out one of the details (a name, website, company, etc.).

Technique

Before listening to the first passage:

- Read each of the questions carefully and create context for the upcoming passage.
- Highlight any key words in each question, e.g. 'when', 'why', 'how', 'where', etc.
- Be clear in your mind as to what piece of information is sought: a date, a location, a name, a reason, a consequence, etc.
- Anticipate the kind of vocabulary that will be heard in the passage in relation to the general topic and each of the questions.
- Anticipate which French words may introduce the answer within the passage.

Let's look at an example of this type of question.

Past exam question 3.6

Source: SEC Junior Cycle Final Examination 2022, Section A: Listening, Question 4

Listen carefully and answer the questions below in **English**.

(a) When will the event take place?

1. Anticipate: Listen out for **when**. Phrases to listen out for:
   - **le** + [number] + [month]
   - **le** + [day of the week] on [day of the week]
   - **la semaine prochaine** next week
   - **le weekend prochain** next weekend
   - **début** + [month] at the beginning of [month]

Extract from script:
La maire de Paris organise une journée sans voitures **dimanche prochain**.

2. Write the most precise answer possible in **English**.
3. Don't write a full sentence.
4. As you hear the passage a second and a third time, double-check and then triple-check that you have written the right answer particularly in terms of the spelling question.

For example:
(a) When will the event take place?

Next Sunday.

exam focus: Be sure to revise the alphabet in French. One of the questions requires you to spell something from the passage.

Past exam question 3.7

Track 7

Scan this QR code to hear the audio

Source: SEC Junior Cycle Final Examination 2022, Section A: Listening, Question 4

Listen carefully and answer the questions below in **English**.

(d) Spell the address of the website where you can get further information.
_____.fr

Exercise 3.6

Track 8

Scan this QR code to hear the audio

Listen carefully and answer the questions below in **English**.

(a) What kind of festival is taking place?
- [ ] Music
- [ ] Literary
- [ ] Film

(b) On which dates will the festival take place? _____

(c) What **two** languages are mentioned?
   1. _____
   2. _____

(d) Which anniversary is the festival celebrating this year? _____

(e) Complete the hashtag you are asked to use online? # _____ 2024

SECTION A: LISTENING

Exercise 3.7

Listen carefully to the following announcements and answer the questions below in **English**.

 *Track 9*

Scan this QR code to hear the audio

(a) Which anniversary are they celebrating?

☐ 10th   ☐ 20th   ☐ 30th

(b) When will the special offers start and end? Give the date for both.

The offer is valid from _____ until _____.

(c) What reduction will be given on fresh meat? _____

(d) At the fish counter, what product will be only €10 per kilo? _____

(e) Which baked goods are 6 for €3? (Name **two** items.)

1. _____   2. _____

Questions that relate to a casual, informal conversation between two people

Observations

- The passage consists of a brief, informal conversation between two people. The questions, as expected, require understanding basic information from the conversation.
- One person asks the questions, and the other responds to those questions. Therefore, many verbs are in the **je** form.
- One question is likely to require completing a number sequence or completion of a spelling.
- One question is likely to be a multiple-choice question.

Technique

Before listening to the first passage:

- Read each of the questions carefully and create the context of the passage.
- Highlight any key words in each questions, e.g. 'when', 'why', 'how', 'where', etc.
- Ensure it is clear in your mind what piece of information is sought: a date, a location, a name, a reason, a consequence, etc.
- Anticipate the kind of vocabulary that will be heard in the passage in relation to the general topic and each question.
- Anticipate which French words may introduce the answer within the passage.

Let's look at some examples.

Past exam question 3.8

Source: SEC Junior Cycle Final Examination 2022, Section A: Listening, Question 6

Listen carefully to the following conversation and answer the questions in **English**.

(a) Complete the man's phone number.

06 ....

Extract from script:

> Mon numéro de téléphone est le zéro six, **soixante-trois**, **vingt-deux**, **cinquante-six**, **quatre-vingt-dix**.

> **key point**
>
> Telephone numbers in French are expressed in double digits.

(d) What does the man choose
  (i) for dessert? ....
  (ii) to drink? ....

Anticipate hearing **dessert** (dessert) and **boisson** (drink) as the introduction to the answer.

Extract from script:

> Pour le dessert, j'aimerais prendre de **la glace à la vanille**. Comme boisson, je vais prendre **une eau gazeuse**.

Past exam question 3.9

Source: SEC Junior Cycle Final Examination Sample Paper, Section A: Listening, Question 5

Listen carefully to this conversation between two friends and answer the questions below in **English**.

(a) Why did Karine's parents buy her a smartphone?
  ☐ She did well in an exam.
  ☐ She lost her last phone.
  ☐ It was her birthday recently.

(b) Write in the rest of Karine's new phone number.

06 20 ....

(c) Name **one** advantage of the app that Simon recommends. ....

(d) What **two** subjects does Karine mention?

  (i) .... (ii) ....

Extract from script:

Simon : Salut, Karine ! Ça va ? Je vois que tu as un nouveau portable.

Karine : Salut, Simon ! Ça va. Oui, mes parents m'ont acheté un nouveau smartphone pour mon anniversaire. C'est formidable, mais j'ai dû changer de numéro.

Simon : Ah, je vais le noter.

Karine : C'est le zéro six, vingt, quatre-vingt-trois, cinquante-cinq, dix-huit.

Simon : Le zéro six, vingt, quatre-vingt-trois, cinquante-cinq, dix-huit.

Karine : Oui, c'est ça. J'ai déjà téléchargé quelques applications.

Simon : Super ! Moi, j'ai une appli qui m'aide beaucoup avec le travail scolaire. Tu devrais l'essayer.

Karine : Oui.

Simon : Il y a beaucoup d'avantages avec cette appli. C'est gratuit et très facile à utiliser.

Karine : Très bien, je vais demander à mes parents si je peux la télécharger. J'ai des difficultés en histoire et en français en ce moment.

Exercise 3.8

Track 10

Listen carefully to this conversation between two friends and answer the questions below in English.

Scan this QR code to hear the audio

(a) Why is Simon calling his mother?

  ☐ He has just lost his key.

  ☐ He has just cut his hand.

  ☐ He has just broken a window.

(b) Where is Simon's mother? (Give **two** details.)

  (i) ....

  (ii) ....

(c) Who is Sylvie? ....

(d) Write the rest of Sylvie's phone number.

  06   25   ....

Questions about the weather

See section in Chapter 1 on weather (page 20).

Past exam question 3.10

Source: SEC Junior Cycle Final Examination 2023, Section A: Listening, Question 6

Listen carefully to the following weather forecast and answer the questions in **English**.

(a) Which picture best describes the weather forecast for the south of France? Tick (✓) the correct box.

(b) What will the range of temperature for the south of France be? ....

(c) What will the weather be like in the north of France? Give details. ....
....

Extract from script:

Dans le sud de la France le soleil brillera toute la journée. Les températures varieront entre trente et trente-quatre degrés. Dans le nord de la France il fera plus froid et il y aura de la pluie pendant la journée. La température maximale sera de vingt-trois degrés.

SECTION A: LISTENING

Exercise 3.9

Track 11

Listen carefully to the following weather forecast and answer the questions in **English**.

Scan this QR code to hear the audio

(a) Which day is the weather forecast for? Give full details.

....

(b) What is the forecast for the south of France? Give **three** details.

(i) ....
(ii) ....
(iii) ....

Questions about a survey or report
Observations

These kinds of passages consist of a brief announcement so only one voice is heard. The passage often provides the results of a recent survey or report. The main subject matter/topic is given to you in the introduction and also in the instructions of the question. The basis of the task is to rank the results of the survey (**un sondage**) using numbers 1 to 5. The passage is likely to use superlatives and vocabulary related to ranking. Therefore, you are likely to hear the French for 'first', 'second', 'fourth' and 'fifth'.

Vocabulary

premier/première *first*	**troisième** *third*	**cinquième** *fifth*
deuxième *second*	**quatrième** *fourth*	

Technique

Before listening to the first passage:
- Read all the information provided carefully.
- Try and translate any categories provided in English into French as it is a given that these words will be used in the passage.
- Keep these French words in mind and try to associate those words with French words for first, second, third, fourth and fifth.
- Anticipate the kind of vocabulary that will be heard in the passage.
- Write one number between 1 and 5 in the space on the right-hand column.
- As you hear the passage a second and a third time, double-check and then triple-check that you have written the right answer.

Let's look at an example of this type of question.

Past exam question 3.11

Source: SEC Junior Cycle Final Examination Sample Paper, Section A: Listening, Question 6

Listen carefully and answer the following question.

This survey ranked the Christmas presents which teenagers would like to receive. Put them in order of preference from 1–5 (1 being the most popular, 5 being the least popular).

Books or comic books	
Sports equipment	
Clothes	
Money	
Something to do with technology	

Anticipate

- Books or comic books: des livres et des bandes dessinées
- Sports equipment: équipement sportif/de sport, matériel de sport/sportif
- Clothes: des vêtements
- Money: de l'argent
- Something to do with technology: l'informatique, des appareils, des dispositifs

Extract from script:

Nous avons fait un sondage en ligne sur les adolescents et les cadeaux de Noël. Nous avons demandé quels sont les cadeaux qu'ils aimeraient recevoir. Voici les résultats : la réponse la plus populaire était **de l'argent**, avec trente-huit pour cent. En deuxième place était un cadeau dans le domaine de la **technologie**. En troisième, ils ont choisi **des vêtements**. Les autres réponses n'étaient pas fréquentes. En quatrième place était du **matériel de sport**. Pour finir, en cinquième place, seulement quatre pour cent ont choisi **des livres ou des bandes dessinées**.

Superlatives

le/la plus + adjective = the ...-est, the most [adjective]

Examples

la réponse la plus populaire *the most popular answer*
le cadeau le plus cher *the most expensive present*

SECTION A: LISTENING

Exercise 3.10

Track 12

Scan this QR code to hear the audio

Listen carefully and answer the following question.

This survey ranked the pastimes which teenagers like the most. Put them in order of preference from 1 to 5 (with 1 being the most popular, 5 being the least popular).

Doing a team sport	
Working out at the gym	
Reading	
Playing a musical instrument	
Chatting on social media	

Questions related to hypothetical situations and opinions

Observations

The passage is a brief informal conversation between two friends or two family members. The conversation relates to hypothetical situations or things that might happen. Therefore, the verbs are often in the conditional tense. As is often the case, the questions provide a great deal of context, and they allow the candidate to ascertain the subject matter of the upcoming passage.

Technique

Before listening to the first passage:

- Read each of the questions carefully and create the context of the passage.
- Highlight any keywords in each question, e.g. 'when', 'why', 'how', 'where', etc.
- Ensure it is clear in your mind what piece of information is sought: a date, a location, a name, a reason, a consequence, etc.
- Anticipate potential answers.
- Anticipate which French words may introduce the answer within the passage.
- Anticipate the kind of vocabulary that will be heard in the passage in relation to the general topic and each question.
- As you hear the passage a second and a third time, double-check and then triple-check that you have written the right answer.

Let's look at an example of this type of question.

Past exam question 3.12

Source: SEC Junior Cycle Final Examination Sample Paper, Section A: Listening, Question 7

Listen carefully to the following conversation and answer the questions in **English**.

(b) Name **one** activity that Jean would like to do in Switzerland.
   1. Anticipate potential answers:
      - Go sightseeing
      - Go skiing (Switzerland is well-known for winter sports)
   2. Anticipate introduction to the answer:
      - **Je voudrais** + infinitive verb
      - **J'aimerais** + infinitive verb
      - **J'ai très envie de/d'** + infinitive verb
   3. Anticipate vocabulary:
      - **faire du ski** *to go skiing*
      - **faire du tourisme** *to go sightseeing*
      - **visiter des sites touristiques** *to go sightseeing*

Extract from script:

Jean : J'aimerais **visiter tous les sites touristiques** et j'aimerais **faire du ski dans les Alpes**.

Past exam question 3.13

Source: SEC Junior Cycle Final Examination Sample Paper, Section A: Listening, Question 7

Listen carefully to the following conversation and answer the questions in **English**.

(a) What is the budget for the dream holiday? ....
(b) Name **one** activity that Jean would like to do in Switzerland. ....
(c) Which country would Fatima like to visit?
   - [ ] China
   - [ ] Japan
   - [ ] Australia
   - [ ] India
(d) Why does she choose this destination? ....

SECTION A: LISTENING

Extract from script:

Jean : Tiens, Fatima, tu as quelques idées pour notre devoir de français sur les vacances de rêves ?

Fatima : Oui, c'est assez intéressant, à mon avis. Nous avons un budget de deux mille cinq cents euros pour une famille de quatre personnes.

Jean : C'est beaucoup, ça ! Moi, je pense que j'irais en Suisse. C'est un pays extraordinaire, on parle quatre langues là-bas. J'aimerais visiter tous les sites touristiques et j'aimerais faire du ski dans les Alpes. Ce serait génial !

Fatima : Pas mal, comme choix ! Moi, je choisirais le Japon. Je voudrais voir les montagnes et en plus j'adore la cuisine japonaise, surtout les sushis.

Jean : J'espère qu'on pourra faire ces voyages, à l'avenir.

Exercise 3.11

Track 13

Scan this QR code to hear the audio

Listen carefully to the following conversation and answer the questions in English.

(a) Up to how much can be spent on the dream family house?

....

(b) Where would Javier like to live?
- ☐ (i) In the suburbs
- ☐ (ii) In the countryside
- ☐ (iii) On the coast
- ☐ (iv) In the city centre

(c) Why would he like to live in that area? (**One** reason) ....

(d) What would Roselyne ideally like the dream detached house to have? (**Two** details)
- (i) ....
- (ii) ....

exam focus

You may be asked to identify opinions as either positive or negative. Consider positive and negative language.
Feelings: content or **triste**, **bien** or **malade**, etc.
Adjectives: formidable or **génial**, **magnifique**, **terrible**, **horrible**
Verbs: détester, **ne pas aimer**, **aimer bien**, **adorer**

Past exam question 3.14

Source: SEC Junior Cycle Final Examination 2023 Paper, Section A: Listening, Question 2

Listen carefully to the following three teenagers being interviewed about returning to school after the summer holidays. Say whether their opinion is positive or negative by ticking (✓) the correct box.

	Positif	Négatif
Virginie		
Océanie		
Nadia		

Extract from script:

Qu'est-ce que la rentrée signifie pour toi, Virginie ?

Virginie : J'adore retrouver mes amis après les longues vacances. Alors pour moi la rentrée c'est géniale.

Et toi, Océanie ?

Océanie : Je suis contente de rentrer. Je suis active et j'aime bien les activités extra-scolaires.

Et Nadia, aimes-tu la rentrée ?

Nadia : La rentrée ça veut dire la fin de vacances. Je suis triste parce que je n'aime pas le travail scolaire.

Sample exam question 3.15

 Track 14

Scan this QR code to hear the audio

Listen carefully to the following four teenagers talking about going to school by bike. Say whether their opinion is positive or negative by ticking (✓) the correct box.

	Positif	Négatif
Jeanne		
Samuel		
Hannah		
Arnaud		

4 Section B: Reading

- Become accustomed to doing reading tasks similar to those you will be required to do in the Junior Cycle Final Examination;
- Gain familiarity with the different types of reading tasks and how they are presented;
- Gain confidence tackling the reading tasks in anticipation of the exam;
- Utilise the vocabulary and grammar you have learned in an instinctive way so as to confidently respond to comprehension questions;
- Associate French words and phrases with various types of prompts.

General advice

- Read the instructions that accompany each question carefully, and ensure you write your answers in the correct language, i.e. in English or in French as instructed.
- Make the most of the information contained in the presentation of each task to create context.
- Anticipate potential vocabulary.
- Use any images/visual prompts to create context and anticipate vocabulary.
- Make the most of French words which are similar to English words.
- Where applicable, anticipate potential answers.
- Never leave blanks: make an intelligent guess because there is no negative marking.
- Revise the main vocabulary themes regularly (see Chapter 1).

Questions where the tasks incorporate visual prompts/images

Observations

In the past three papers (2023, 2022 and the Sample Paper), we can see several examples of questions where you must identify or match French text (a word, phrase or paragraph) to an image or visual prompt.

Technique

- Before reading the written descriptions, exploit the images by asking yourself if you can associate any French words (verbs, nouns and adjectives) with each picture. Scribble those French words to the right of the picture in pencil.
    - What action is being depicted/implied? (Verb)
    - What can I see in the image? (Nouns)
    - How can you describe the situation? (Adjective)
- As you read each phrase or description, watch out for the words you associated with each image.
- Remember: understanding every word is the aim of the game. Watch out for the key word

Let's look at an example.

Past exam question 4.1

Source: SEC Junior Cycle Final Examination 2022, Section B: Reading, Question 8

Match the signs with the corresponding phrases. In all cases, indicate your answer by inserting the letters that correspond to the phrases in the boxes below.

A.

Noun: **chien**

Adjective: **dangereux**

	Description	Réponse
(c)	Chien méchant	

As you can see, one of the words associated with the image is present in the matching phrase.

B.

Noun: **masque, obligation**

Verb: **porter, obliger**

	Description	Réponse
(e)	Masque obligatoire	

As you can see, the words associated with the image are there in the written phrase.

SECTION B: READING

C.

Noun: **téléphone, portable, interdiction**

Verb: **interdire**

	Description	Réponse
(b)	Téléphone portable interdit	

Yet again, some of the words associated with the image are there in the written phrase.

Vocabulary

interdit(e)(s) *banned, prohibited*

obligatoire(s) *obligatory, compulsory*

Past exam question 4.2

Source: SEC Junior Cycle Final Examination 2023, Section B: Reading, Question 9

Match the pictures with the corresponding phrases. In all cases, indicate your answer by inserting the letters that correspond to the numbers in the boxes below.

Qu'est-ce qu'on dit ?

1	2	3	4	5
A	B	C	D	E
Bon appétit !	Bonne année !	Bonne chance !	À tes souhaits !	Bon voyage !

1	2	3	4	5

Exercise 4.1

Match the pictures with the corresponding phrases. In all cases, indicate your answer by inserting the letters that correspond to the numbers in the boxes below.

Qu'est-ce qu'on dit ?

1	2	3	4	5
A	B	C	D	E
Joyeux anniversaire !	Faites de beaux rêves !	Bonne fête des Mères !	Bonne chance	Joyeux Noël !

1	2	3	4	5

Exercise 4.2

Match the signs with the corresponding phrases. In all cases, indicate your answer by inserting the letters that correspond to the phrases in the table below.

1.　　　　2.　　　　3.　　　　4.　　　　5.　　　　6.

Description	Réponse
A. Toilettes mixtes publiques	
B. Aire de pique-nique	
C. Terrain de camping	
D. Hôpital	
E. Interdiction de fumer	
F. Informations touristiques	

Exercise 4.3

Match the signs with the corresponding phrases. In all cases, indicate your answer by inserting the letters which correspond to the phrases in the table below.

1.   2.   3.   4.   5.   6.

Description	Réponse
A. Chien en laisse obligatoire	
B. Interdiction de manger ou de boire	
C. Piste cyclable	
D. Aire de jeux d'enfants	
E. Passage d'animaux sauvages	
F. Parking handicapé	

Exercise 4.4

Match the signs with the corresponding phrases. In all cases, indicate your answer by inserting the letters which correspond to the phrases in the table below.

1.   2.   3.   4.   5.   6.

Description	Réponse
A. Passage pour piétons	
B. Caméra de surveillance	
C. Merci de jeter vos déchets à la poubelle	
D. Interdiction de tourner à droite	
E. Chemin de randonnée	
F. Barbecues interdits	

Exercise 4.5

Look at the images below and match the correct number with the French phrase.

Description	Réponse
A. Pratiquer la danse	
B. Écouter de la musique	
C. Jouer au football	
D. Promener le chien	
E. Faire de la musculation	
F. Jouer de la guitare	
G. Faire de la randonnée	
H. Pratiquer la natation	
I. Lire des romans	

Exercise 4.6

Look at the images below and match the correct number with the French phrase.

Description	Réponse
A. Faire la vaisselle	
B. Mettre la table	
C. Faire la lessive	
D. Nettoyer la salle de bain(s)	
E. Sortir la poubelle	
F. Passer l'aspirateur	
G. Balayer le sol	
H. Faire la cuisine	
I. Donner à manger au chien	

Questions with a visual prompt

Observations

There are also other examples of a visual prompt forming part of reading tasks. In some instances, the image or visual prompt is linked to a slightly longer piece of text – a paragraph rather than merely a word or phrase.

Technique

Use the same technique as with the previous tasks. Associate French words with the images provided and then look for those words within the text. Let's take an example from the 2022 SEC Final Examination.

Past exam question 4.3

Source: SEC Junior Cycle Final Examination 2022, Section B: Reading, Question 9

Match the pictures with the descriptions of how these teenagers volunteer. In all cases, indicate your answer by inserting the letters which correspond to the numbers in the boxes below.

Image 1:

Verbs: enseigner, apprendre, donner des cours, utiliser

Nouns: femme âgée, ordinateur portable, technologie, applications, l'informatique

Description B: Antoine

Je m'intéresse à **la technologie**. Donc, je **donne des cours d'informatique** à des personnes **âgées** une fois par semaine.

As you can see, the words associated with the image are found within the written description.

Image 2:

Verbs: lire, écouter, raconter

Nouns: les enfants, des livres, la bibliothèque, l'école primaire

Adjectives: divertissant(e)(s)

Description D: Luc

Moi, j'aime **la lecture**. J'organise un après-midi de lecture pour **les enfants** dans **la bibliothèque**. Mon petit frère y participe aussi !

As you can see, the words associated with the image are found within the written description.

Image 3:

Verbs: nourrir, s'occuper de

Nouns: les chats, les chiens, les animaux, un refuge (shelter)

Description E: Inès

Je **m'occupe des animaux** dans **un refuge**. Plus de 100 000 animaux sont abandonnés chaque année. J'aime sauver les animaux !

As you can see, the words associated with the image are found within the written description.

Vocabulary

s'occuper de *to take care of*	**sauver** *to save*

Exercise 4.7

Match the pictures with the descriptions of how these teenagers spend their free time. In all cases indicate your answer by inserting the letter which corresponds to the numbers in the boxes below.

Comment passer son temps libre ? Cinq adolescents parlent de leur temps de loisirs.

1.   2.   3.   4.   5.

A. Lucas

J'adore les sports aquatiques donc quand j'ai assez de temps, je vais à un lac qui est situé près de chez moi. Je suis passionné de canoë.

B. Simon

Pendant mon temps libre, je fais de la natation. Chaque semaine, je passe un temps fou à la piscine municipale dans mon quartier. Ma mère dit que je nage comme un poisson.

C. Nicole

La vie marine me fascine depuis mon enfance. Le weekend, je vais à la mer avec mes parents. Je fais de la plongée avec eux pendant des heures et on observe les poissons. C'est génial !

D. Mia

J'aime bien la mode et il y a longtemps que créer mes propres vêtements m'intéresse. L'année dernière, pour mon anniversaire, mes parents m'ont offert une machine à coudre. Je l'adore.

E. Dylan

Je me passionne pour la musique et j'aime bien écrire des raps sur les problèmes sociaux dans mon quartier. Je partage mes raps sur les réseaux sociaux. C'est un bon moyen de s'exprimer.

1	
2	
3	
4	
5	

Exercise 4.8

Match the pictures with the descriptions of how these teenagers tend to use technology. In all cases indicate your answer by inserting the letter which corresponds to the numbers in the boxes below.

Comment utilisent-ils la technologie ? Cinq adolescents parlent de leur façon d'utiliser l'informatique.

A. Marie

Je commande des vêtements en ligne. C'est trop facile de dépenser tout mon argent depuis ma chambre, sans sortir de la maison. Je suis toujours sans un sou !

B. Alan

Je ne peux pas nier que je suis accro à ma console de jeux. J'adore tous les genres de jeux vidéo, je peux passer des heures devant l'écran.

C. Séverine

Je passe un temps fou à tchatter sur les réseaux sociaux. Ma mère croit que je suis vraiment obsédée, j'ai toujours mon téléphone portable à la main.

D. Elle

Mes priorités sont mes études et j'utilise mon ordinateur portable presque tous les jours pour faire des recherches pour mon travail scolaire. Je le trouve tellement utile.

E. Françoise

J'aime bien la téléréalité. Je passe des heures à regarder ces émissions. J'ai même un canapé et un grand téléviseur dans ma chambre donc je suis devenue vraiment paresseuse.

1	2	3	4	5

Exercise 4.9

Match the pictures with the descriptions of what kind of volunteer work these teenagers do. In all cases indicate your answer by inserting the letter which corresponds to the numbers in the boxes below.

Cinq adolescents parlent du bénévolat.

1.   2.   3.

4.   5.

A. Matthieu

Je ne passe que trois heures le samedi matin à travailler dans un refuge animalier. J'adore les animaux, surtout les chiens.

B. Valérie

Deux soirs par semaine, je vais au centre-ville avec une organisation caritative pour aider les sans-abris dans les rues. Nous distribuons de la soupe et du pain.

C. Nicole

Le mercredi après-midi, je vais à une résidence pour personnes âgées. Je leur parle et elles me racontent leur vie et leurs histoires. C'est très intéressant.

D. Thierry

Le samedi matin, j'entraine une équipe d'enfants avec mon club de football. Ils me font tout le temps rire. Je les adore.

E. Carola

Le weekend, je passe une heure ou deux à ramasser les déchets dans le parc local. Il y a toujours un tas de bouteilles en plastique et en verre. Certaines personnes ne respectent pas la nature.

1	2	3	4	5

Exercise 4.10

Match the pictures with the descriptions of how what these teenagers do to help out at home. In all cases indicate your answer by inserting the letter which corresponds to the numbers in the boxes below.

Comment aider à la maison? Cinq adolescents parlent des tâches ménagères.

1.   2.   3.

4.   5.

A. Marc

À vrai dire, chez moi, je ne fais pas de tâches ménagères, cependant j'adore faire la cuisine. Donc, presque tous les samedis, je prépare un repas familial. Ma famille me dit que ma cuisine est délicieuse.

B. Adam

À la maison, tout le monde doit donner un coup de main. D'habitude, le samedi matin, je passe l'aspirateur au rez-de-chaussée. Ça ne me dérange pas du tout d'aider chez moi.

C. Séverine

Chez nous, je m'occupe de nos trois chiens. Il faut les alimenter, les promener, les laver et le pire, ramasser leurs crottes dans le jardin ! C'est affreux !

D. Hélène

Chez moi, les tâches ménagères sont toutes partagées, c'est juste ! Mais je déteste quand c'est mon tour de nettoyer les salles de bains. L'odeur est répugnante !

E. Françoise

Je repasse les vêtements. Cela m'est égal parce que je le fais lorsque je regarde la télévision.

1	2	3	4	5

SECTION B: READING

Tasks where the questions are all in French

Many questions require you to answer in French. The golden rule is if the questions are in French, the answers must be in French, and if the questions are in English, the answers must be in English.

Observations

Some tasks in the exam will require you to understand questions posed in French. The information sought is quite basic, and you should not find the questions too challenging. Nonetheless, it is essential to become familiar with how questions are structured in French. Very often you must decide if a piece of information is true or false. Some questions are accompanied by visual prompts or images to help you.

Technique

- Do one question at a time, i.e. read question (a) and find the information required before moving on to question (b). Note that the questions go in order of appearance.
- Make it clear in your mind after reading each question what type of information you must extract from the text.
- Ensure your answers are brief. Writing a full sentence in French is not required.
- Do not answer any question in English.

Interrogatives

Quel *what/which* Quelle Quels Quelles	À quelle date? *On what date?* Quel jour? *What day?* À quelle heure *At what time* À quelle heure commence … *At what time does … start?* À quelle heure se termine … *At what time does … end?*
Où *Where*	Où est …? *Where is …?*
Qu'est-ce que/qu' *What*	Qu'est-ce qu'on doit faire? *What must you do?*
Pourquoi *Why?*	Pourquoi tu es en retard ? *Why are you late?*
Combien *How much? How many?*	Combien de personnes? *How many people?* Combien coute …? *How much does … cost?*
Qui *Who*	Qui a organisé l'évènement? *Who organised the event?*
Comment *How*	Comment peut-on acheter …? *How can you buy …?*
Quand *When*	Quand commence le spectacle? *When does the show start?*

key point

In French, **est-ce que/qu'** is placed before an affirmative clause to create an interrogative:

Est-ce que les enfants peuvent y aller ? *Can children go there?*
Est-ce qu'il y aura de la nourriture? *Will there be food?*

Past exam question 4.4

Source: SEC Junior Cycle Final Examination 2023, Section B: Reading, Question 11

Read the following text conversation and answer the questions below in **French**.

AUJOURD'HUI

Noémie: Coucou Alex, qu'est-ce que tu vas apporter à la fête vendredi soir ? 11:53

Alex: Bonjour Noémie. Moi, je vais apporter les boissons. Et toi ? 11:54

Noémie: Je vais préparer une pizza aux champignons et je vais faire un gâteau au chocolat. 11:56

Alex: Formidable. Tu peux venir avec nous en voiture si tu veux. 11:59

Noémie: Parfait. 12:00

Taper message

(a) Quand est-ce que Noémie et Alex vont aller à la fête ?

....

(b) Qu'est-ce qu' Alex va apporter à la fête ? Cochez (✓) la bonne réponse.

☐ ☐ ☐

(c) Noémie va préparer une pizza à quelle saveur ? Cochez (✓) la bonne réponse.

☐ ☐ ☐

(d) Comment est-ce qu'ils vont aller à la fête ?

....

SECTION B: READING 109

Past exam question 4.5

Source: SEC Junior Cycle Final Examination Sample Paper, Section B: Reading, Question 12

Read the following text conversation and answer the questions below in **English**.

> AUJOURD'HUI
>
> **Fatima:** Tu sais si le match de foot demain matin est annulé? 14:39
>
> **Aurélie:** Pas sûr. Mais tu as vu le temps? 14:39
>
> **Fatima:** Oui, il pleut fort et le terrain est déjà en mauvais état! 14:39
>
> **Aurélie:** Tu as raison. Je ne veux pas louer car il fait trop froid. 14:39
>
> Taper message

(a) What time of the day is the match due to take place tomorrow?
- [ ] In the morning
- [ ] In the afternoon
- [ ] In the evening

(b) Why does Fatima think that the match might be cancelled?

....

(c) Why does Aurélie not want to play the match?

....

Exercise 4.11

Read the following text conversation and answer the questions below in **French**.

> **Céline :** Salut, Amélie ! Ça va bien ?
>
> **Amélie :** Céline, devine ce que je viens de faire ? Je suis vraiment stupide !
>
> **Céline :** Qu'est-ce que tu as fait ?
>
> **Amélie :** Je me suis endormie dans le jardin et j'ai pris un gros coup de soleil !
>
> **Céline :** Mais as-tu oublié d'utiliser de la crème solaire ?
>
> **Amélie :** Eh bien oui ! Pas de crème ! Maintenant j'ai très mal au visage et mes jambes me font mal aussi donc je ne sors plus au cinéma ce soir. Je suis désolée. Peut-être demain ?!

(a) Amélie dit qu'elle est … ? Cochez la bonne réponse.

☐ ☐ ☐

(b) Où est-ce qu'Amélie s'est endormie ? Cochez la bonne réponse.

☐ ☐ ☐

(c) Qu'est-ce qu'Amélie a oublié d'utiliser ?

....

(d) Quelles parties du corps lui font mal ? Cochez la bonne réponse (**deux** choses).

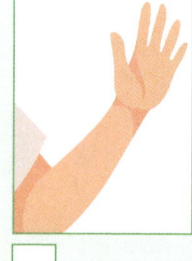  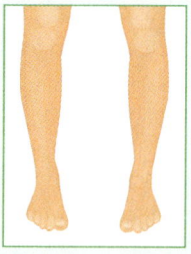 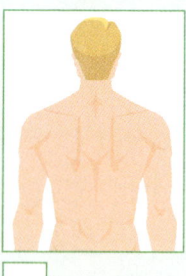

☐ ☐ ☐ ☐

Vocabulary

| **deviner** *to guess* | **s'endormir** *to fall asleep* | **oublier (de/d')** *to forget* |

Exercise 4.12

Read the following text conversation and answer the questions below in **French**.

Nicole : Salut, Solène ! Tu es occupée ? Tu étudies ?

Solène : Pas du tout ! Je m'ennuyais. Pourquoi ?

Nicole : Je dois aller au supermarché, à la boulangerie et aussi à la poissonnerie pour ma mère. Voudrais-tu m'accompagner ?

Solène : Oui, pourquoi pas ! En fait, j'ai besoin d'acheter du lait, des œufs et des fraises. J'ai très envie de préparer des crêpes aujourd'hui.

Nicole : Parfait ! Je passerai chez toi dans quinze minutes.

Solène : À tout à l'heure.

(a) Nicole veut savoir si Solène est … ? Cochez la bonne réponse.

☐ ☐ ☐

(b) Nicole doit aller aux magasins pour sa mère. Où doit-elle aller ? Nommez ces **trois** magasins.

1. _____ 2. _____ 3. _____

(c) Solène doit acheter **trois** ingrédients. Cochez la bonne réponse (**trois**).

☐ ☐ ☐ ☐ ☐

(d) Qu'est-ce que Nicole fera dans quinze minutes ?

....

Exercise 4.13

Read the following text conversation and answer the questions below in **French**.

Simon : Salut Ikram ! Tu es chez toi ?

Ikram : Oui, pourquoi ?

Simon : Pourrais-tu me prêter ton livre d'anglais ? J'ai laissé le mien à l'école, dans mon casier, et j'ai besoin de faire les devoirs d'anglais.

Ikram : Oui, pas problème, mais je viens de commencer à faire les devoirs d'anglais et j'aurais besoin du livre pendant une heure.

Simon : D'accord, je viendrai chez toi dans une heure.

Ikram : Bon, à tout à l'heure.

(a) Qu'est-ce que Simon veut emprunter à Ikram ? Cochez la bonne réponse.

☐ ☐ ☐

(b) Où est-ce que Simon a laissé le sien ?

☐ ☐ ☐

(c) Qu'est-ce qu'Ikram vient de faire ?

....

(d) Simon ira chez Ikram dans trois heures.

☐ Vrai ☐ Faux

Exercise 4.14

Read the following text conversation and answer the questions below in **French**.

Chloé : Salut, Marc ! Ça va bien ?

Marc : Salut, Chloé ! Quoi de neuf ?

Chloé : Sais-tu quand les examens blancs commencent et se terminent ? Mes parents veulent organiser nos vacances mais je ne trouve pas ces dates en ligne sur le site de l'école.

Marc : Je viens de vérifier mon agenda. On a une semaine d'examens. On commence le mercredi 15 février et on finit le mercredi 22 février.

Chloé : Merci mille fois, Marc

Marc : De rien, Chloé, à demain.

(a) Qu'est-ce que Chloé veut savoir ?

....

(b) Qu'est-ce que les parents de Chloé veulent organiser ?

....

(c) Où est-ce que Marc peut vérifier les dates ?

....

(d) Quand commencent les examens ?

....

(e) Quand se terminent les examens ?

....

Past exam question 4.6

Source: SEC Junior Cycle Final Examination 2022, Section B: Reading, Question 10

Read the following text and answer the questions below in **French**.

DATE : Du samedi 26 mars au vendredi 1er avril 2022

LIEU : L'Hôpital des Nounours, Neuchâtel, Suisse

HORAIRES : Les étudiants en médecine seront disponibles entre 09h00 et 16h00

POUR QUI : Les peluches malades

TARIF : Enfants de moins de 12 ans: gratuit. Adultes: 5€

Vous pouvez réserver vos billets en ligne

Billets imprimables à domicile

Adapté de *Allons-y 1*, novembre-décembre 2019.

(a) À quelle date commence l'évènement ?

....

(b) Où se trouve l'Hôpital des Nounours ?

....

(c) La visite à l'hôpital commence à quelle heure ?

....

(d) Combien coûte un billet pour un enfant de moins de 12 ans ?

....

(e) Comment peut-on réserver un billet ?

....

SECTION B: READING

Exercise 4.15

Read the following text and answer the questions below in **French**.

(a) À quelle date a lieu la fête des voisins ?

....

(b) La fête commence à quelle heure ?

....

(c) Où a lieu la fête ?

....

(d) Il y aura de la musique.

☐ Vrai   ☐ Faux

(e) Qu'est-ce que chacun doit apporter pour partager ?

....

Vocabulary

| **retrouver** *to meet up/to gather* | **partager** *to share* | **faux** *false* |
| **avoir lieu** *to take place* | **vrai** *true* | **dès** *from (time/date)* |

Exercise 4.16

Read the following text and answer the questions below in **French**.

(a) C'est quel type de **spectacle** ?

....

(b) Quel jour a lieu ce spectacle ?

....

(c) À quelle heure commence le spectacle ?

....

(d) Le spectacle est pour des enfants de quel âge ?

....

(e) L'entrée est gratuite.

☐ Vrai   ☐ Faux

Vocabulary

| **spectacle** *show* | **gratuit(e)(s)(es)** *free (of charge)* |

Exercise 4.17

Read the following text and answer the questions below in **French**.

(a) Quand a lieu le stage de Pâques ?

....

(b) Chaque jour, à quelle heure commence le stage ?

....

(c) Chaque jour, à quelle heure se termine le stage ?

....

(d) Les enfants doivent avoir quel âge pour pouvoir participer ?

....

(e) Combien coute le stage ?

....

Exercise 4.18

Read the following text and answer the questions below in **French**.

(a) À quelle date a lieu la fête de l'école ?

....

(b) À quelle heure commence la fête ?

....

(c) Combien coute le gâteau ?

....

(d) Jouer à la pêche à la ligne, ça coute combien ?

....

(e) Les bonbons coutent 1€.

☐ Vrai   ☐ Faux

Questions that require you to match a question and answer in French

Technique

Highlight key words in the questions and then match those key words themselves or words associated, with the text. For example:

(f) Quel était le meilleur moment de ta carrière ?
[…]
(5) À 19 ans, j'ai signé mon premier contrat professionnel. Je dirais que le meilleur moment c'était quand j'ai marqué mon premier but pour l'équipe de Lyon.

Match the **tu** form of the verb with the **je** form. For example:

(e) Tu viens d'où ?
[…]
(1) Je viens de la Martinique.

Match the tense in the question to the tense in the text: present to present and past to past. In addition, you can often match a noun in the question with the same noun in or next to the answer in the text. For example:

(d) Comment était ton enfance ?
(2) Je n'ai pas eu une enfance difficile. Au contraire, j'adorais mon enfance. J'ai vécu de très bons moments avec ma famille.

In this example, **était** in the question is in the **imparfait**, so the text must be in past tense to match. The matching text contains three verbs in the past tense: **Je n'ai pas eu**, **j'adorais** and **J'ai vécu**.

Past exam question 4.7

Source: SEC Junior Cycle Final Examination 2023, Section B: Reading, Question 12

Match the questions (**a**) to (**f**) with the answers **1** to **6** below by inserting the numbers in the spaces provided.

> **exam focus**
> In the exam question below, I have highlighted the key words in yellow to demonstrate the exam technique.

Wendie Renard, la lionne tricolore

Wendie Renard est l'une des stars de l'équipe de France féminine de football. Elle joue pour l'Olympique Lyonnais et elle est la capitaine de l'équipe de France.

1. Je viens de la Martinique. Je suis née à Fort de France et mes parents y habitent toujours.
2. Je n'ai pas eu une enfance difficile. Au contraire, j'adorais mon enfance. J'ai vécu de très bons moments avec ma famille.
3. Le surf et le football. J'étais obsédée par le football. Avec les garçons, après l'école on allait sur la plage pour faire du surf et pour jouer au football.
4. C'était rare pour une fille de jouer au football en Martinique mais dès le début ma famille m'a encouragée à jouer. Ils sont tous très fiers de moi.
5. À 19 ans, j'ai signé mon premier contrat professionnel. Je dirais que le meilleur moment c'était quand j'ai marqué mon premier but pour l'équipe de Lyon.
6. Je leur dirais qu'il faut avoir confiance en soi. Parfois c'est difficile, mais il faut persévérer.

Question	Réponse
(a) As-tu un message pour les footballeuses de demain ?	6
(b) Quels étaient tes passe-temps en Martinique ?	3
(c) Quelle était l'attitude de ta famille quand tu as commencé à jouer au football ?	4
(d) Comment était ton enfance ?	2
(e) Tu viens d'où ?	1
(f) Quel était le meilleur moment de ta carrière ?	5

Exercise 4.19

Match the questions (**a**) to (**f**) with the answers **1** to **6** below by inserting the numbers in the spaces provided.

Kylian Mbappé
Kylian Mbappé est un footballeur français parmi les mieux payés du monde. Son palmarès est extrêmement impressionnant !

1. Je suis né le 20 décembre 1998 à Paris et j'ai grandi à Bondy en Seine-Saint-Denis.
2. Oui, bien sûr, je viens d'une famille de sportifs. Ma mère était handballeuse. Mon père était joueur de football et actuellement, il est entraîneur de football.
3. Les études étaient vraiment importantes pour moi et pour mes parents aussi. Donc, avant de poursuivre ma carrière sportive, j'ai passé le bac et je l'ai réussi.
4. Je suis devenu champion du monde quand je n'avais que 19 ans. Jouer pour l'équipe de France, la meilleure équipe du monde, était comme un beau rêve. Je ne l'oublierai jamais.
5. Loin des caméras, j'aime bien aider de nombreuses associations en Seine-Saint-Denis. J'adore passer du temps avec ma famille, prendre un repas avec ma famille est ce que j'aime le plus.
6. Oui, bien sûr. Bien que je sois très jeune, j'ai beaucoup de projets pour l'avenir. J'aimerais devenir entraîneur comme mon père.

Question	Réponse
(a) Tu avais quel âge quand tu es devenu champion du monde ?	
(b) Après ta carrière comme joueur de football, as-tu des projets pour l'avenir ?	
(c) Quand et où es-tu né ?	
(d) Loin des caméras, qu'est-ce que tu aimes faire le plus ?	
(e) Tu viens d'une famille sportive ?	
(f) As-tu abandonné tes études pour poursuivre une carrière de footballeur ?	

A poem or an extract from a French short story or novel with questions in English

Observations

One of the questions could be a reading comprehension in the form of a short extract taken from a French novel or short story or poem accompanied by an image related to the publication. The extract is from something originally written in French, for French native speakers. Therefore, the goal is not to understand every word but rather to comprehend enough to answer the accompanying questions which are in English.

Technique

- Read all the questions in English and paint a picture/create context.
- Pay close attention to the image/photo and extract information.
- Link the context to the image/visual prompt.
- Anticipate vocabulary.
- Anticipate potential answers.
- Anticipate introduction to the answer.
- Answer the questions in order of appearance in the language specified in the instructions, i.e. in English.

> If the questions or statements are in English, the responses must also be in English.

Exercise 4.20

Read the following poem and answer the questions in **English**.

Crayons de couleur

Le vert pour les pommes et les prairies,
Le jaune pour le soleil et les canaris,
Le rouge pour les fraises et le feu,
Le noir pour la nuit et les corbeaux,
Le gris pour les ânes et les nuages,
Le bleu pour la mer et le ciel
Et toutes les couleurs pour colorier le monde.

Chantal Couliou

Source : www.les-coccinelles.fr/lienpage1/poesies/crayonsdecouleur1.pdf

(a) According to the poem, name **one** item the colour green is for.

....

(b) What is yellow used for? Tick (✓) **two** boxes.

☐ buttercups
☐ sun
☐ lemons
☐ canary birds
☐ bananas

(c) Apart from fire, what else is red for?

....

(d) Blue is for which **two** things?

....

Exercise 4.21

Read the following poem and answer the questions in **English**.

Petits lutins

Petits lutins, dépêchez-vous !
Père Noël a besoin de vous.
Le premier achète tous les jouets.
Le second les emballe à sa façon.
Le troisième leur met une jolie ficelle.
Le suivant écrit le nom des enfants.
Le dernier doit tous les distribuer.
Petits lutins,
Merci beaucoup !
Pour l'an prochain,
Reposez-vous !

(a) According to the poem, who needs the elves?

....

(b) What does the first elf do?

....

(c) Whose names are written on the gifts?

....

(d) What does the last elf have to do?

....

Past exam question 4.8

Source: SEC Junior Cycle Final Examination 2022, Section B: Reading, Question 11

Read the following extract from a French novel and answer the questions below in **English**.

Le Petit Nicolas

de Sempé-Goscinny

L'après-midi, la maîtresse est arrivée avec un nouveau petit garçon qui avait des cheveux roux, des yeux bleus comme le ciel et des taches de rousseur.
« Mes enfants », a dit la maîtresse.
« Je vous présente un nouveau petit camarade. Il est étranger et ses parents l'ont mis dans cette école pour étudier le français. Je vous demande de m'aider et d'être très gentils avec lui. »
Et puis la maîtresse s'est tournée vers le nouveau et elle lui a dit :
« Dis ton nom à tes petits camarades. »
Le nouveau n'a pas compris la maîtresse. Comme il ne disait rien, la maîtresse nous a dit qu'il s'appelait Georges MacIntosh.

(a) Describe the new boy in the class.
Look out for **le/un nouveau garçon**.
Extract from text:

> un nouveau petit garçon qui avait des cheveux roux, des yeux bleus comme le ciel et des taches de rousseur

Sample answer
Small, red hair, blue eyes, freckles

(b) Why did the new boy's parents send him to this school?

Provide two details to get full marks.

Look out for **ses parents, cette école**.
Extract from text:

> ses parents l'ont mis dans cette école pour étudier le français

Sample answer
So he could study/learn French

Pay attention to the physical space provided for the answer. This indicates the amount of information required. Where there is less space or one single line provided, a shorter answer is expected.

The answer to a 'why' question, the reason, will often be introduced by one of the following:
parce que/qu'
car
à cause de/d'
afin de/d' + infinitive
pour + infinitive

Exercise 4.22

Read the following and answer the questions below in **English**.

Je venais d'arriver en Martinique. J'étais vraiment enthousiaste de visiter un autre pays et de m'amuser avec mon cousin. Dès qu'on descendait de l'avion, on sentait la bonne odeur de la mer et l'air chaud de l'île, bien agréable sur la peau. Il faisait très beau alors qu'en France, c'était encore l'hiver et qu'il gelait. Nous nous sommes alors dépêchés d'aller récupérer nos bagages. Mais d'abord, il fallait passer le contrôle des passeports.

« Ton passeport » a demandé le policier dans la cabine.
Je lui ai tout de suite donné mon passeport.
« Quel âge as-tu ? »
« Presque douze ans » ai-je répondu, un peu agitée.
« Où sont tes parents ? »
Chez moi, à Nantes, en France.
« Tu es trop petite pour voyager toute seule. »
« Oui, monsieur, mais je voyage avec ma tante, Marie, mon oncle, Samuel et mon petit cousin, Thomas. »
« Ah bon, c'est la première fois que tu voyages sans tes parents ? »
« Non, monsieur, tous les hivers, je pars en vacances pendant une semaine avec mon oncle et ma tante. »
Il m'a redonné mon passeport et j'ai rejoint ma famille élargie.

(a) What time of year was it in France?

(b) How old is the girl?

....

(c) Where exactly are her parents?

....

(d) This is her first time travelling without her parents.

☐ True ☐ False

Exercise 4.23

Read the following extract and answer the questions below in **English**.

J'adore ma grand-mère, elle est une personne vraiment unique mais, à vrai dire, elle est un peu bizarre. Pendant mon enfance je l'accompagnais partout, au parc, aux magasins, au théâtre, à la plage, chez ses amis, à la bibliothèque, aux spectacles, à la piscine municipal au cinéma, même aux festivals de musique, partout ! Mes parents ont toujours travaillé très dur, comme médecins, donc je passais un temps fou à m'amuser avec ma mémé.
Elle m'a enseigné plein de choses, beaucoup de compétences pratiques et d'aptitudes utiles. Grâce à sa patience inébranlable, aujourd'hui, à l'âge de quinze ans, je suis vraiment douée. Je sais jouer du piano et de la guitare. Je sais cuisiner et j'adore préparer des gâteaux délicieux. Je me passionne pour la lecture et normalement je lis trois ou quatre livres chaque semaine. Je lui suis tellement reconnaissante. Le temps passé en sa compagnie, quand j'étais petite et maintenant, sera toujours extrêmement précieux.

(a) Where did the writer go with her grandmother during her childhood? Name **three** places.

(i) ....

(ii) ....

(iii) ....

(b) Her parents are teachers.

☐ True ☐ False

(c) Thanks to her grandmother, which **two** musical instruments can she play?

(i) .... (ii) ....

(d) What does she say she normally does each week?

....

Questions that present information in an advertisement, email, memo or note format

Observations

This task requires you to follow and understand a short informal advertisement, email, memo or note. The advertiser or sender is providing the reader with basic details. The verbs will be primarily in the present tense.

Technique

- Read the title of the email, memo or note because it summarises the essence of the communication and can often be repeated in the body of the text itself.
- Read all the questions in English and paint a picture/create context.
- Anticipate vocabulary.
- Anticipate potential answers.
- Read the text and answer the questions in the appropriate language as per the instructions, i.e. in English or in French.
- Remember that the questions go in order of appearance in the text.

Let's take an example from the SEC Sample Paper.

Past exam question 4.9

Source: SEC Junior Cycle Final Examination, Sample Paper, Section B: Reading, Question 13

Read the following email and answer the questions below in English.

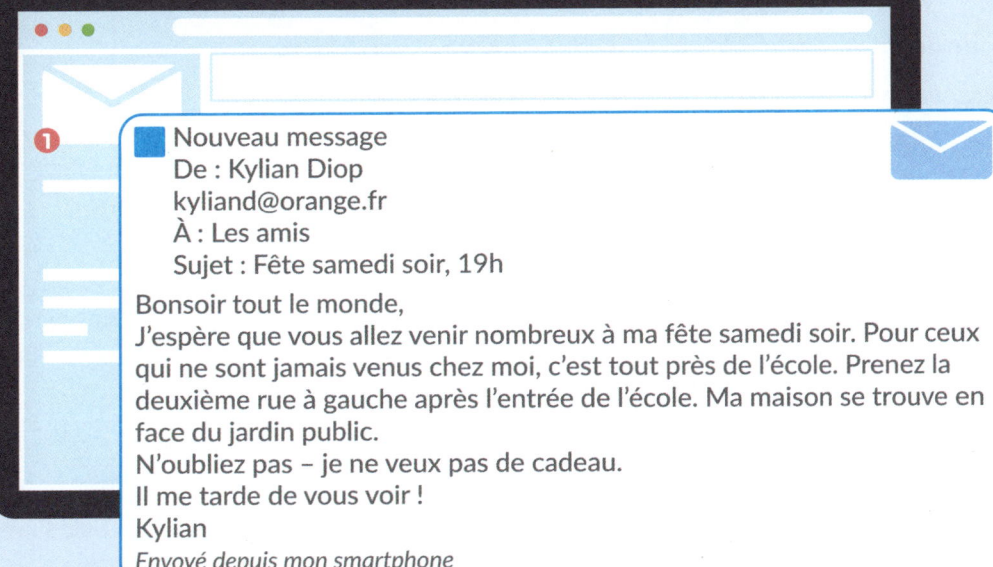

(a) When is Kylian's party taking place?

....

> **Anticipate vocabulary**
>
> **au centre-ville**
>
> **près de l'école**
>
> **loin de l'école**
>
> **à la campagne**

(b) Where is Kylian's house located?
- [ ] in the centre of town
- [ ] near the school
- [ ] far from the school
- [ ] in the countryside

(c) What directions does Kylian give to get to his house?

....

> **Prepositions of place**
>
> | | |
> |---|---|
> | **à côté de** *beside / next to* | **entre** *between* |
> | **à droite de** *to the right of* | **loin de** *far from* |
> | **à gauche de** *to the left of* | **près de** *near/close to* |
> | **derrière** *behind* | **avant** *before* |
> | **devant** *in front of* | **après** *after* |
> | **derrière** *behind* | **est/est situé(e)/se trouve** *is/is located* |
> | **en face de** *opposite* | |

(d) What does Kylian say about presents?

....

Anticipate vocabulary	**Anticipate potential answers**
cadeaux (m.pl.) *presents* **je veux/je ne veux pas** **je voudrais/j'aimerais** **je ne veux pas de cadeaux**	I want lots of presents I would like money I do not want presents

Past exam question 4.10

Source: SEC Junior Cycle Final Examination 2023, Section B: Reading, Question 14

Read the following text and answer the questions below in **English**.

Départ : le 5 ou 12 aout
Durée : de 8 à 15 jours

Dino, dis-moi tout
Vacances scientifiques
Séjour spécial famille avec enfants de 7 à 14 ans.

Activités proposées :
- trouver de vrais fossiles de dinosaures
- étudier toi-même les fossiles en laboratoire
- pique-niquer au bord de la rivière
- faire des randonnées dans la nature

Réduction de 100€ pour chaque réservation faite avant le 15 mai.

Tu recevras un cadeau pour préparer tes vacances : le livre *Au temps des dinosaures*.

Adapté de : Okapi, no. 1092, 15 juin 2019.

(a) At whom are these holiday camps aimed?

....

(b) During what month can you participate in this holiday camp?

....

(c) Name **three** activities that you can do at the holiday camp.

   1. ....

   2. ....

   3. ....

(d) How can you get a €100 reduction on the price of the holiday camp?

....

(e) For what can you use the gift that you will receive?

....

Exercise 4.24

Read the following email and answer the questions below in **English**.

> **De :** Marie Dijon
> mdijon@lsms.fr
> **À :** Les élèves
> **Sujet :** La finale de basket, samedi matin
>
> Bonsoir élèves,
> J'espère vous voir nombreux demain matin pour aller soutenir notre équipe de basket ! Rendez-vous à la porte principale de l'école à 8h45. L'autocar part à 9h et il coute €5 par personne. Tout le monde doit apporter son propre pique-nique (des sandwichs et une boisson). Le match commence à 11h et on prévoit de revenir à l'école vers 15h. N'oubliez pas de porter le survêtement scolaire.
> *Envoyé depuis ma tablette*

(a) When is the basketball final?

....

(b) Where do the students have to meet up?

☐ at the school gym

☐ at the bus station

☐ at the main school gate

(c) What do students need to bring with them? (**Two** details)

1. ....
2. ....

(d) At what time should they get back to the school?

....

(e) What are students asked not to forget to do?

....

Exercise 4.25

Read the following email and answer the questions below in **English**.

> De : Sara et Dani Goulé
> sarani215@lsms.fr
> À : tous les voisins
> Sujet : une réunion – les problèmes de circulation
>
> Salut à tous et à toutes,
> Comme vous le savez déjà, la circulation est devenue un gros problème dans notre quartier. La situation étant de plus en plus dangereuse pour nos enfants, nous devons nous réunir et discuter ensemble des solutions. Rendez-vous donc chez nous, samedi matin à 10h, au 58 place Richelieu. Notre maison est tout près de la bibliothèque. Après l'entrée de la bibliothèque, prenez la première à gauche et notre maison se trouve entre un fleuriste et une pharmacie.
> Venez nombreux mais sans vos enfants, s'il vous plait !
> Sara et Dani
> *Envoyé depuis mon portable*

(a) What is becoming a big problem in the area?

....

(b) When is the meeting? (Day and time)

....

(c) Sara and Dani's house is near

- [ ] the university
- [ ] the bookshop
- [ ] the library

(d) What directions are given to get to Sara and Dani's house?

....

(e) What are the neighbours asked **not** to take with them to the meeting?

....

Exercise 4.26

Read the following email and answer the questions below in **English**.

> Changement du lieu – e-mail
> De : Arthur Ivère
> arthuriv@lsms.fr
> À : Les joueurs
> Sujet : L'entrainement de dimanche en déplacement
>
> Salut à tous,
> Ce dimanche, comme le club organise un tournoi pour les équipes des enfants, notre terrain habituel ne sera pas disponible pour notre entraînement. En effet, le club a besoin de tous les terrains. Dimanche, nous devrons donc nous entrainer sur un autre terrain de football situé derrière l'église Saint-Martin qui est en face de l'office de tourisme. Rendez-vous 11h.
> Soyez à l'heure.
> *Envoyé depuis ma tablette*

(a) When is football training going to take place?

....

(b) Who is the club's football tournament for?

☐ the children's teams

☐ the men's senior team

☐ the ladies' senior team

(c) What will these players have to do due to the club hosting the tournament?

....

(d) Where exactly is the alternative football pitch? (Give **two** details.)

....

(e) What are players reminded to do at the end of the email?

....

Exercise 4.27

Read the following advertisement and answer the questions below in **English**.

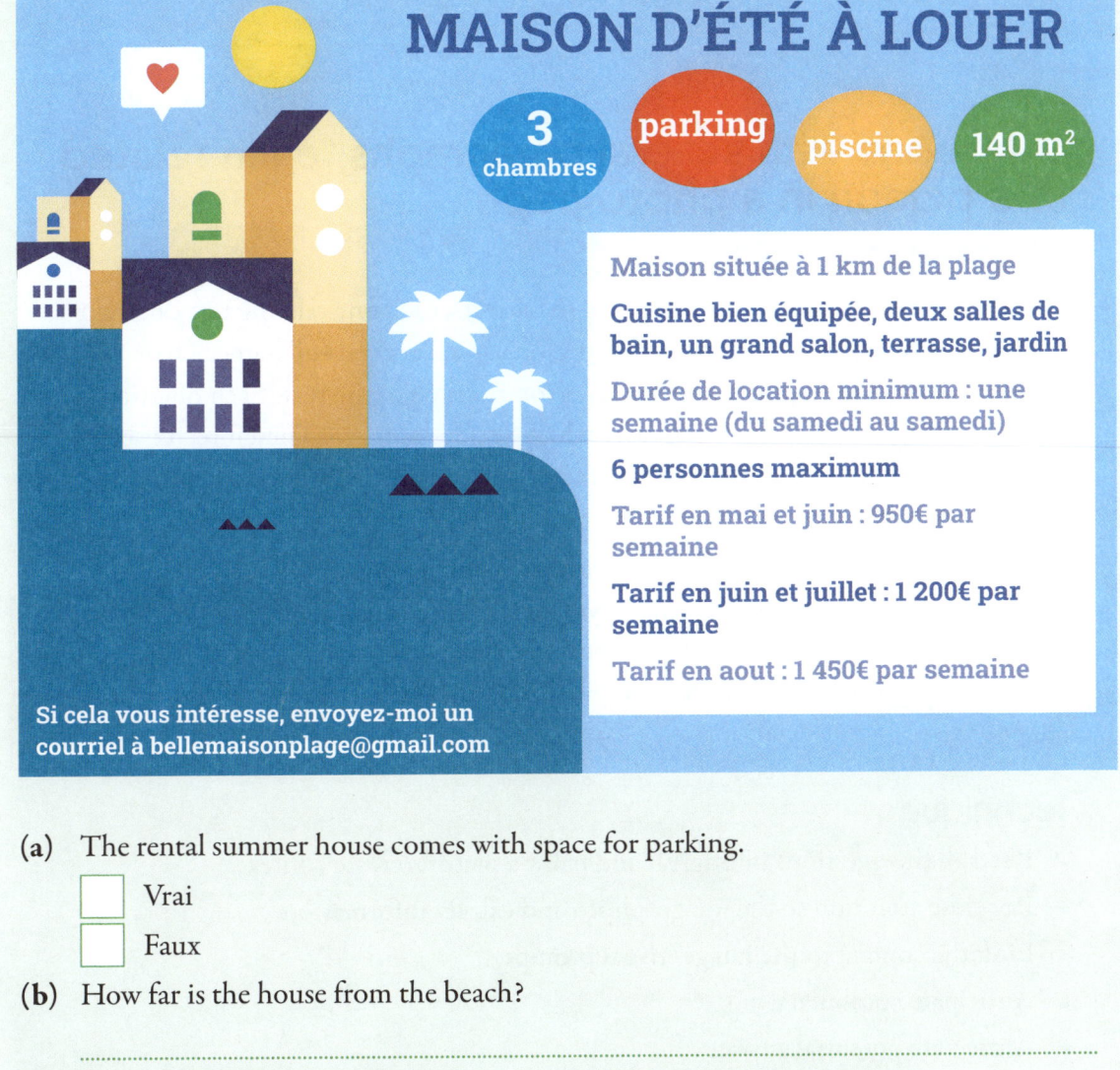

(a) The rental summer house comes with space for parking.

☐ Vrai

☐ Faux

(b) How far is the house from the beach?

....

(c) Name **three** indoor and **three** outdoor spaces this house has to offer?

	Indoor	Outdoor
1.		
2.		
3.		

(d) Rentals must start and end on which day of the week?

(e) When does the villa cost €1,200 per week to rent?

Questions with several paragraphs, each related to a person in a photograph

Observations

This type of question is usually a series of short texts, each one relating to a different person, accompanied by a photo of that person as well as their full name. There is a question or two in English about each person featured in the text. Each question mentions the person's name so it is clear which text it relates to. Therefore, it is best practice to read one short text at a time and to answer any of the corresponding questions before moving on to the next text and photo.

While there may be vocabulary in the text that is unfamiliar to you, the image or photo often allows you to fill in those gaps and to anticipate what unknown vocabulary may mean through visual context. The verbs are primarily in the present tense.

exam focus

Questions are in English so answers must be in English too.

Technique

- Read all the questions in English and paint a picture/create context.
- Pay close attention to the image/photo and extract information.
- Link the context to the image/visual prompt.
- Anticipate vocabulary.
- Anticipate potential answers.
- Read the text that corresponds to that image/photo.
- Try to work out unknown vocabulary through the context you have created thanks to the image/photo.
- Answer the questions in order of appearance in the language specified in the instructions, i.e. in English.

SECTION B: READING

Past exam question 4.11

Source: SEC Junior Cycle Final Examination 2022, Section B: Reading, Question 12

Read the following and answer the questions in **English**.

Extract from text:

Les jeunes talentueux

Sébastien Toutant
La spécialité de Sébastien, c'est le snowboard ! Le Québécois a gagné la première médaille d'or aux Jeux Olympiques pour la catégorie des obstacles.

Thanks to the photo, we know that Sébastien practises a winter sport (snowboarding or skiing). If he is worthy of appearing in a published article, he must be a very competitive and talented sportsperson.

(b) What type of medal did Sébastien win?

☐ gold
☐ silver
☐ bronze

Sébastien's name is mentioned in the question. Watch out for the French for medal: **médaille**.

Vocabulary

médaille d'or *gold medal*	**médaille de bronze** *bronze medal*
médaille d'argent *silver medal*	**gagner** *to win*

Exercise 4.28

Read the following and answer the questions below in **English**.

Les cinq sportifs les plus riches du monde

1. Michael Jordan
1,9 milliards de dollars
Michael Jordan est l'un des meilleurs joueurs de basketball de l'histoire de la NBA. Au cours de sa première saison, il a marqué 28,2 points en moyenne par match.

2. Tiger Woods

1 milliard de dollars

Tiger Woods est l'un des meilleurs golfeurs de tous les temps. Tiger Woods a été l'un des premiers sportifs à devenir milliardaire. À 43 ans, il a réussi à obtenir un cinquième Masters.

3. Floyd Mayweather

800 millions de dollars

Ancien boxeur professionnel, Floyd Mayweather a réalisé un incroyable palmarès de 50 victoires et 0 défaite. En 2017, Floyd remporta 200 millions de dollars pour son combat contre Conor McGregor.

4. Michael Schumacher

800 millions de dollars

Michael Schumacher, de nationalité allemande, est l'un des meilleurs pilotes de Formule 1 de tous les temps. Il a remporté 91 victoires en Grand Prix de Formule 1.

5. Magic Johnson

600 millions de dollars

Magic Johnson est l'un des meilleurs joueurs de basketball de tous les temps et il a décroché cinq titres NBA avec les LA Lakers. De plus, il a généré beaucoup d'argent grâce à ses sponsors.

(a) During which season did Michael Jordan score an average of 28.2 a match?

☐ His first season ☐ His second season ☐ His third season

(b) What was Tiger Woods one of the first sportpeople to become?

....

(c) How much did Floyd Mayweather earn for his fight against Conor McGregor?

....

(d) Where is Michael Schumacher from?

☐ Austria ☐ Switzerland ☐ Germany

(e) How many NBA titles did the LA Lakers win when Magic Johnson played for them?

....

Exercise 4.29

Read the following and answer the questions below in **English**.

Les cinq pays les moins chers du monde pour voyager

1. L'Inde
18€ par jour
Dans les rues typiques de l'Inde, on remarque les odeurs, les bruits, la chaleur, les vendeurs, les femmes portant des saris aux couleurs vives et les vaches sacrées qui marchent : tous les sens sont mis à contribution.

2. Le Népal
20€ par jour
Pour une aventure au Népal, un long trek dans le parc naturel de Chitwan permet d'aller à la rencontre des animaux sauvages. Le lac de Pokhara, situé au pied de l'Himalaya, est vraiment magnifique.

3. Les Philippines
21€ par jour
L'archipel des Philippines est constitué de 7 000 iles qui promettent une grande diversité et des plages paradisiaques. Ce pays a tout: la culture, le trekking, la plongée et la cuisine.

4. Le Vietnam
23€ par jour
Ce pays est malheureusement très connu pour la guerre du Vietnam. Mais ce pays a plus de 3 000 km de côtes. Il possède des plages sublimes, des eaux turquoises et une multitude d'îles couvertes de forêts tropicales.

5. La Mongolie
23€ par jour
Ce grand pays de steppes arides et de forêts est idéal pour être exploré à cheval. Le pays de Gengis Khan est de plus en plus populaire grâce à ses paysages uniques.

Adapté de : www.tourdumondiste.com/pays-les-moins-chers-du-monde

(a) Name **three** things that you will notice on a typical Indian street.

(i) ....

(ii) ....

(iii) ....

(b) What could you come across on a trek in the Chitwan nature reserve?

☐ wild birds

☐ wild animals

☐ wild flowers

(c) How many islands make up the archipelago of the Philippines?

....

(d) What kind of forests can be found in Vietnam?

....

(e) The ideal way to explore Mongolia is

☐ on horseback

☐ by jeep

☐ by train

Exercise 4.30

Read the following and answer the questions below in **English**.

Top cinq des plus jeunes entrepreneurs

1. **Jordan Casey**
Jordan Casey est le fondateur de Casey Games, créé en 2012. Il a commencé à développer ses premières applications iOS à l'âge de 9 ans. Aujourd'hui, il dirige deux compagnies lui appartenant.

2. **Maziah Bridges**
Maziah Bridges, alias 'Mo', est considéré comme le plus jeune entrepreneur du monde. Ayant créé sa première entreprise à 8 ans, Mo's Bows (vente de nœuds papillon), il est le plus jeune Américain à s'être lancé dans l'entrepreneuriat.

3. **Mathieu Nebra**
Mathieu Nebra a commencé à développer son premier site web à 13 ans et aujourd'hui ce site s'appelle OpenClassrooms. Il voulait partager des cours en ligne 100 % gratuits. Il fait désormais partie des 10 Français les plus innovants selon le MIT.

4. **Henry Patterson**
Henry Patterson, à l'âge de 9 ans, a ouvert son premier magasin ! Aujourd'hui, il s'occupe de son commerce Not Before Tea, un magasin de vente de bonbons et sucreries. Il est l'un des plus jeunes entrepreneurs de Grande-Bretagne !

5. **Boyan Slat**
Boyan Slat est un jeune Néerlandais qui a beaucoup fait parler de lui avec son idée de nettoyer les océans. Sa méthode serait 7 900 fois plus rapide que les procédés traditionnels. Une idée vraiment innovante trouvée quand il n'avait que 16 ans.

Adapté de : https://laruche.wizbii.com/17825-top-10-jeunes-entrepreneurs

(a) How many companies does Jordan Casey own today?

....

(b) What age was Maziah Bridges when he created his company Mo's Bows?

....

(c) What is Mathieu Nebra's website called today?

....

(d) Henry Patterson's shop sells
- [ ] toys
- [ ] sweets
- [ ] books

(e) Boyan Slat is from
- [ ] the USA
- [ ] Australia
- [ ] Holland

Questions about aspects of one person's life, with headings

Observations

This reading comprehension is in the form of an interview or a long biographical account. The text is divided into four to six sections. Each section/paragraph is either the interviewee's response to an interview question or information related to a subtopic title. In terms of the comprehension task, there is a statement or a question on each section that requires a brief summary of the information detailed in that particular section of the text.

The instructions provide you with very valuable information, giving you a very brief background as to what the person in the text will be talking about. The text is accompanied by an image or images which are, as always, very useful.

You are expected to readily understand quite basic personal information from the text with some more challenging vocabulary relating to other details.

Technique

- Read the task instructions in English carefully and create context.
- Pay attention to the image/photo and extract information.
- Link the context to the image/visual prompt.
- Read the questions one by one and continue to develop context.
- Do the comprehension one section at a time.
- Answer the questions in order of appearance in the language specified in the instructions, i.e. in this case, English.
- Where vocabulary relating to an answer is not readily understood, students should be able to work out some of that vocabulary through context.
- Don't forget how similar countless words in French are to English. Use this to your advantage.

Let's look at an example.

Past exam question 4.12

Source: SEC Junior Cycle Final Examination 2022, Section B: Reading, Question 13

Read the following interview with Domitille, 14, about her life and that of her sister Sophie, a 16-year-old with Down syndrome. Answer the questions in **English**.

(a) What does Domitille say about her family?

Section 1

Extract from text:

> « Ma sœur est différente, et alors ? »
>
> **1. Domitille, tout d'abord, parle-moi de toi.**
>
> Nous sommes sept chez moi. J'ai deux sœurs et deux frères, âgés de 6 à 20 ans. Je suis la troisième enfant ! C'est super, une famille nombreuse. On peut partager beaucoup de choses ensemble.

(c) What does Domitille say about the future

1. for Sophie?

   ....

2. for herself?

   ....

Section 5

Extract from text:

> Je m'inquiète un peu quand je pense à l'avenir de Sophie. Mais je reste très positive et j'ai toujours de l'espoir pour elle. Quant à moi, j'aimerais être décoratrice d'intérieur. J'espère que je serai toujours si proche de ma sœur Sophie.

Vocabulary

s'inquiéter *to worry*	l'avenir *the future*
Je m'inquiète *I worry*	décorateur/décoratrice d'intérieur *interior designer/decorator*

SECTION B: READING

Past exam question 4.13

Source: SEC Junior Cycle Final Examination 2023, Section B: Reading, Question 15

Read the following article and answer the questions that follow in **English**.

Voyage au bout de la Terre

1. Vaiarupe a ton âge et pourtant sa vie est complètement différente de la tienne ! Il est français mais il vit loin de la France métropole, à Rapa Iti, une île isolée de Polynésie française.

2. Famille
Vaiarupe habite dans le village principal de l'île, qui s'appelle Ahurei. Il habite avec son père Rému, sa mère Hiri, sa sœur aînée et son petit frère. Il y a 500 habitants à Rapa Iti, donc tout le monde se connaît. Il a beaucoup de cousins et de cousines sur l'île. Ses grands-parents, Martin et Hélène, cultivent un jardin – on y trouve des dizaines de fruits et de légumes différents.

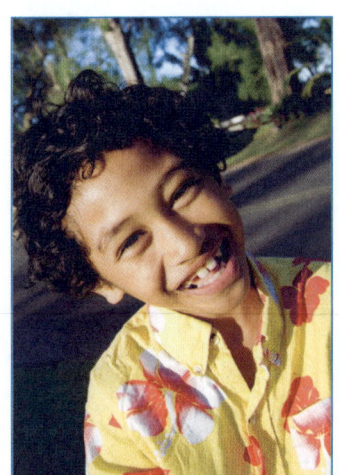

3. Les vacances
Pendant les vacances, Vaiarupe passe son temps à jouer au foot, à faire de la pêche, à nager et à faire des promenades à vélo avec son meilleur ami. Il n'est jamais chez lui, car il veut profiter au maximum de son île et de son temps libre. Quand il a faim, il va dans le jardin de ses grands-parents pour chercher à manger.

4. L'école
À la fin des vacances, Vaiarupe prend un bateau pour rentrer à l'école qui se trouve à 750 km de Rapa Iti. Son école est un internat. C'est difficile d'être loin de ses parents, mais il peut utiliser son téléphone portable pour les contacter. Ses matières préférées à l'école sont les mathématiques, le dessin et l'anglais. Il pense que l'anglais va être très utile pour lui pour faire des voyages à l'avenir.

5. L'avenir
Vaiarupe a beaucoup de projets pour l'avenir. Il aimerait faire des études dans un pays francophone, peut-être en France ou en Belgique. Il voudrait être ingénieur et travailler dans un pays anglophone – aux États-Unis ou en Australie peut-être.

Adapté de : *Okapi*, numéro 1091, juin 2019.

Vocabulary

un internat *a boarding school*

Write about Vairarupe and his life in **English** under the following headings:

(a) Family　　　　　　　　　　　　　　　　　　　　　　　　　　　**Section 2**

(b) Holidays　　　　　　　　　　　　　　　　　　　　　　　　　　**Section 3**

(c) School　　　　　　　　　　　　　　　　　　　　　　　　　　　**Section 4**

(d) Future plans　　　　　　　　　　　　　　　　　　　　　　　　**Section 5**

Exercise 4.31

Read the following article about Alexis, 11 years old, living on the road with her family's travelling circus.

La vie dans un cirque (Alexis, 11 ans)

1. Salut ! Je m'appelle Alexis et j'ai 11 ans. Je n'habite pas dans une maison conventionnelle, mais dans une caravane. Mes parents s'appellent Gilbert et Linda. Je suis née à Strasbourg le 28 décembre 2010. Tous les membres de ma famille élargie sont artistes de cirque de Arlette Gruss et nous voyageons de ville en ville. C'est une vie vraiment nomade mais en même temps, tellement aventureuse.

2. L'école
Je ne vais pas à une école traditionnelle : mon école est composée d'une seule salle de classe. La salle est un camion aménagé situé au milieu des caravanes et des animaux du cirque Gruss. Notre salle est spacieuse, bien décorée et confortable avec quelques fenêtres. Il y a une carte de France et une liste de pronoms accrochées au mur.

3. Les élèves

Il y a seulement douze élèves dans notre école. Ici tous les niveaux, tous les âges sont dans la même école, la même classe, la même salle. Grâce à notre école mobile, nous pouvons suivre et être toujours avec nos parents qui sont tous artistes de cirque. Comme nous sommes peu nombreux, notre professeure, Estelle, est toujours disponible.

4. Notre institutrice
Estelle a 30 ans et elle est vraiment patiente, créative et bien organisée. Estelle dit qu'elle aime nous voir toujours souriants le matin, pas stressés. Elle est fière de cette école qui roule, unique en France. Elle adapte ses cours aux déplacements du cirque : elle fait un cours sur le Louvre à Paris, sur l'océan à La Rochelle ou sur la montagne à Grenoble. Évidement, elle a sa propre caravane.

5. D'autres écoles

Dans d'autres cirques, les enfants n'ont aucun professeur, donc ils font des cours en ligne. Parfois ils vont même à une école normale et traditionnelle pour des périodes très courtes mais ils doivent souvent changer d'école. Je suis heureuse dans mon école mais j'ai un regret : j'aimerais bien que notre école ait une vraie cour de récréation pour les élèves avec plein de jeux et plein d'autres enfants.

www.cirk75gmkg.com/2014/06/dans-la-famille-gruss-on-recherche-est-alexis.html

(a) What does Alexis tell us about herself and her lifestyle? **Section 1**

(b) Describe Alexis's classroom. **Section 2**

(c) What does Alexis say about the students? **Section 3**

(d) What does Alexis tell us about her teacher? **Section 4**

(e) What does Alexis wish for regarding her school? **Section 5**

SECTION B: READING

Exercise 4.32

Read the following interview with Maria-Line, eight years old, who tells us about her Algerian roots. Answer the questions in **English**.

Maria-Line, 8 ans, te raconte ses liens avec l'Algérie

1. Maria-Line vit en France, près de Paris. Mais sa maman vient d'Algérie, en Afrique du Nord, et une partie de sa famille habite là-bas. L'Algérie, c'est son deuxième pays ! Maria-Line a raconté pourquoi elle se sent à la fois française et algérienne.

2. Tout d'abord, parle-moi de toi.
« Je m'appelle Maria-Line, j'ai 8 ans et je vis près de Paris. Ma maman, Khadidja, est née à Alger, et mon papa, Tristan, est né en France. J'ai un petit frère de 5 ans qui s'appelle Joud. »

3. As-tu beaucoup de famille en Algérie ?
« Je suis née en France, comme mon papa. Mais la famille de Maman habite à Alger, la capitale de l'Algérie. C'est une grande ville située au bord de la mer. Là-bas, j'ai plusieurs cousins et cousines. La cousine avec qui je joue le plus, c'est Mélina. Quand je suis en France, nous nous téléphonons en appel vidéo sur ma tablette, comme ça, nous nous voyons même si nous sommes loin l'une de l'autre. »

4. Et les traditions algériennes ?
« Deux des sœurs de Maman vivent en France, je peux donc les voir plus souvent. Nous célébrons ensemble les fêtes musulmanes comme l'Aïd, la grande fête qui marque la fin du Ramadan. Nous nous retrouvons tous ensemble pour partager un bon repas avec beaucoup de nourriture, nous mettons de beaux vêtements et nous nous faisons des maquillages au henné sur les mains. »

5. Parle-moi de ta grand-mère.
« En ce moment, ma mamie passe quelques mois chez nous, en France. Nous regardons des photos d'Algérie. C'est un très beau pays, avec de grandes montagnes. Elle cuisine des plats et des desserts algériens avec moi. J'adore les makrouts, et encore plus les crêpes algériennes ! »

Source : www.1jour1actu.com/monde/maria-line-8-ans-te-raconte-ses-liens-avec-lalgerie

(a) What does Maria-Line tell us about herself? **Section 1**

(b) Describe Maria-Line's family. **Section 2**

(c) What does Maria-Line tell us about her family in Algeria? **Section 3**

(d) What does Maria-Line do with her family to celebrate l'Aïd? **Section 4**

(e) What does Maria-Line do with her grandmother? **Section 5**

Exercise 4.33

Read the following interview with Florent Lestage, juggler and clown, who tells us about his unusual career. Answer the questions in **English**.

J'ai découvert le cirque à l'âge de 12 ans et je me suis senti libre !

Florent Lestage est jongleur et clown. Sa passion pour le cirque a commencé quand il était enfant. Aujourd'hui, il voyage à travers le monde pour présenter ses spectacles.

1. Comment as-tu commencé à devenir clown ?

Quand j'avais 12 ans, une école du cirque s'est ouverte dans mon village. Au début, j'y allais tous les weekends, puis de plus en plus souvent. J'ai immédiatement adoré apprendre et pratiquer le jonglage avec deux balles, puis avec trois, quatre, cinq. Je me sentais libre !

2. Quel type d'éducation as-tu suivi pour devenir jongleur ?

J'ai suivi les cours d'une école professionnelle de cirque. J'y ai appris l'acrobatie et le jonglage, mais aussi la danse, le théâtre … Puis je suis allé dans une grande école de cirque, à Montréal, une ville du Québec.

3. Qu'est-ce qui est le plus difficile dans la profession d'artiste de cirque ?

C'est vraiment difficile d'être très souvent en tournée dans différentes villes ou pays. Nous voyageons constamment. J'ai une petite fille de 2 ans, et elle n'a jamais passé deux mois dans la même ville. Au cirque, la vie n'est pas du tout ordinaire.

4. Et qu'est-ce qui est le plus agréable ?

J'adore voir briller les yeux des spectateurs, voir les sourires des enfants, entendre leurs rires … et créer de nouveaux spectacles. Rencontrer de nouvelles personnes est aussi un grand plaisir pour moi, je me fais toujours de nouveaux amis.

5. Quels conseils donnerais-tu à un enfant qui veut faire du cirque ?

Il faut d'abord qu'il trouve un cours dans lequel il se sent bien et dans lequel il peut se faire plaisir. Le cirque demande beaucoup de travail, donc il faut se faire plaisir, il est nécessaire de s'amuser, c'est essentiel !

Source : www.1jour1actu.com/culture/cirque-jongleur-clown-florent-lestage

(a) What does Florent tell us about starting out in the world of clowning? **Section 1**

(b) How does he describe his education to become a juggler? **Section 2**

(c) What does Florent say is the most difficult aspect of his profession? **Section 3**

(d) What does Florent say is the nicest aspect of his profession? **Section 4**

(e) What advice would Florent give to a child who is interested in a circus career? **Section 5**

5 Section C: Writing

- To become increasingly familiar with the type of questions that arise in this section of the exam.
- To recognise how questions are posed in French.
- To provide you with easy-to-follow resources that will allow you to create answers of a very high standard.
- To showcase sample answers as an example of what you can achieve.

General advice

- Read the task instructions carefully and thoroughly.
- In terms of the email/letter, make a brief plan of what you are going to write.
- Pay particular attention to the instructions that accompany each question/task and ensure you write all your answers in French.
- Familiarise yourself with different aspects of your own life, e.g. your family, your school, your area, your pastimes, etc. and gain confidence by writing about them.
- Ensure you are answering each question in the correct tense.
- Once you have written an answer, read over it to check for mistakes or erroneous omissions.
- Ensure you revise the main vocabulary themes regularly (see Chapter 1).

Questions with a series of short sentences

In this question, each sentence has one or two words in bold for which you must choose the correct option out of a choice of three possibilities. One of the three options is correct, and the other two are incorrect. This task tests your spelling and knowledge of French grammar: gender of nouns, use of articles, verb conjugation, use of prepositions, etc. Revising the grammar section in this book will prove very useful in preparation for doing this task.

Past exam question 5.1

Source: SEC Junior Cycle Final Examination 2023, Section C: Writing, Question 16

You have been asked to write a profile about your favourite French actor, Omar Sy. In each sentence below, pick the correct option by putting a tick (✓) in the correct box.

(a)
☐ Mon ☐ Ma ☐ Mes
acteur préféré est Omar Sy.

(b) Il
☐ a ☐ es ☐ est
né en 1978.

(c) Il a grandi
☐ à ☐ en ☐ au
Paris.

(d) Son partenaire
☐ s'appelles ☐ s'appelle ☐ s'appelons
Fred Testot.

(e) La
☐ premier ☐ première ☐ premières
fois qu'il a apparu à la télévision était en 2007.

(f) Il a joué le rôle de Driss dans un film très
☐ amusant ☐ amusants ☐ amusantes
qui s'appelle *Intouchables*.

(g) Il a
☐ gagnée ☐ gagnés ☐ gagné
un César pour sa performance dans ce film.

SECTION C: WRITING

Past exam question 5.2

Source: SEC Junior Cycle Final Examination 2022, Section C: Writing, Question 14

You have been asked to write a profile of your favourite singer, Lenni-Kim. In each sentence below, pick the correct option by putting a tick (✓) in the correct box.

(a) Lenni-Kim est né
☐ le ☐ au ☐ à la
8 septembre 2001.

(b) Il est le
☐ seul ☐ seule ☐ seuls
fils de Guy Lalande et Myriam Landry.

(c)
☐ Son ☐ Sa ☐ Ses
famille a un chien qui s'appelle Bruno.

(d) En 2015, il
☐ a participée ☐ est participé ☐ a participé
à l'émission *The Voice Kids* en France.

(e) À l'âge de 16 ans, il a dansé dans
☐ le ☐ la ☐ l'
émission *Danse avec les Stars*.

(f) Il a organisé des concerts
☐ en ☐ au ☐ dans
France.

(g) Ses passe-temps
☐ préféré ☐ préférés ☐ préférées
sont le sport et le cinéma.

Past exam question 5.3

Source: SEC Junior Cycle Final Examination Sample Paper, Section C: Writing, Question 17

As part of the eTwinning project, your class writes a profile of your school. In each sentence below, pick the correct option by putting a tick (✓) in the correct box.

(a) Notre école
☐ s'appelle   ☐ s'appelons   ☐ s'appelles
Coláiste Mhuire, Baile Sheáin.

(b)
☐ Ça   ☐ C'est   ☐ Ce sont
une école mixte.

(c) Il y a 875
☐ elève   ☐ élèves   ☐ élèvées
dans notre école.

(d) Notre école se trouve
☐ à l'   ☐ à la   ☐ au
centre-ville.

(e) Nous n'avons pas
☐ d'   ☐ de l'   ☐ du
uniforme scolaire.

(f) Il y a
☐ une   ☐ un   ☐ des
cantine scolaire dans notre école.

(g) Nous
☐ etudient   ☐ étudies   ☐ étudions
dix matières à l'école.

SECTION C: WRITING

Exercise 5.1

Nadine is telling us all about herself. For numbers 1 to 10, choose the correct missing word from one of three options by ticking one box.

Je [1] _____ Nadine. Je suis française et j'habite [2] _____ Paris avec ma famille. J'ai [3] _____ frère plus âgé que moi. Il s'appelle Marc et il [4] _____ dix-huit ans. Nous [5] _____ entendons très bien. [6] _____ parents sont tous les deux professeurs. Ils [7] _____ travailleurs, [8] _____ et affectueux. J'ai aussi un [9] _____ chien, il est [10] _____ .

1.	m'appelles		m'appelle		m'appellent	
2.	à		dans		en	
3.	une		des		un	
4.	est		a		ont	
5.	avons		nous		sommes	
6.	Mon		Ma		Mes	
7.	ont		font		sont	
8.	compréhensifs		compréhensives		compréhensif	
9.	petite		petits		petit	
10.	noire		noir		noire	

Exercise 5.2

Stefan is telling us all about himself. For numbers 1 to 10 choose the correct missing word from one of three options by ticking one box.

Mon [1] _____ est Stefan. Je suis belge. J'habite dans un [2] _____ village avec [3] _____ parents. Je suis fils [4] _____ mais j'aimerais [5] _____ un frère ou une sœur. À vrai dire, je suis un peu [6] _____ . Cependant, à la maison, je [7] _____ faire des tâches ménagères. Je [8] _____ nettoyer les salles de bain. J'ai aussi une [9] _____ tortue mais je [10] _____ avoir un chien.

1.	nome		nom		nombre	
2.	beau		belle		belles	
3.	mes		les		ses	
4.	seul		isolé		unique	
5.	avons		avoir		avais	
6.	gâtés		gâté		gâtée	
7.	doit		dois		doivent	
8.	déteste		détestes		détesté	
9.	petite		petits		petit	
10.	voudrait		vouloir		voudrais	

Exercise 5.3

Simon tells us about his summer holidays with his grandparents. In each sentence below, pick the correct option by putting a tick (✓) in the correct box.

Chaque été, je passe les [1] _____ vacances à La Rochelle. [2] _____ grands-parents habitent là-bas. Leur maison [3] _____ en face de la plage. Chaque soir, mon grand-père adore [4] _____ le diner. J'aime [5] _____ poisson et les fruits de mer de La Rochelle. Nous allons [6] _____ les jours à la plage ensemble. Le matin, nous nous [7] _____ tous dans la mer.

1.	grand		grands		grandes	
2.	Mon		Ma		Mes	
3.	se trouve		s'est trouve		se trouvent	
4.	prépare		préparer		a préparé	
5.	le		l'		la	
6.	toutes		tous		toute	
7.	baignent		baignons		baigner	

Questions that require you to provide information about yourself

This question requires you to provide information about yourself in response to prompts in French, which, of course, you answer in French. Apart from basic personal details such as name, age and date of birth, you will be asked to write a paragraph about topics related to family, house, school, area, pastimes, likes and dislikes, etc.

Past exam question 5.4

Source: SEC Junior Cycle Final Examination 2023, Section C: Writing, Question 17

Your French teacher is organising a French exchange between your school and a school in Lyon. You want to take part in the exchange. Answer the following in **French**. Answer parts (**c**), (**d**) and (**e**) using full sentences.

(a) Âge :	
(b) Date de naissance :	
(c) Décris ta famille :	
(d) Qu'est-ce que tu aimes manger ?	
(e) Quels sont tes passe-temps ?	

SECTION C: WRITING

Past exam question 5.5

Source: SEC Junior Cycle Final Examination 2022, Section C: Writing, Question 15

Your class is participating in an exchange programme with a school in Bordeaux. In order to match you with a suitable exchange partner (**correspondant/correspondante**), fill in the following form in **French**.

(a) Prénom :	
(b) Âge :	
(c) Décris ta famille :	
(d) Qu'est-ce que tu aimes manger ?	
(e) Quelle est ta matière préférée ? Pourquoi ?	

Past exam question 5.6

Source: SEC Junior Cycle Final Examination Sample Paper, Section C: Writing, Question 16

Your French teacher is organising an eTwinning project with a French school in Bordeaux. You want to take part in the exchange. Fill in the following form in **French**.

Nom :	
Prénom :	
Âge :	
Date de naissance :	

Sample answer A

Nom :	Murphy
Prénom :	Sarah
Âge :	13 ans
Date de naissance :	le 24 février 2011

Sample answer B

Nom :	O'Reilly-Torres
Prénom :	James
Âge :	15 ans
Date de naissance :	le 3 juin 2011

Vocabulary

nom *surname*	**lieu de naissance** *place of birth*
prénom *first name*	**taille** *height/size*
âge *age*	**langue maternelle** *native language*
date de naissance *date of birth*	

Ma famille (My family)

You may be asked:
- Décris ta famille.
- Comment est ta famille ?
- As-tu des frères et sœurs ?

Sample answers for a boy

Dans ma famille, nous ne sommes que trois personnes parce que je suis enfant unique.
There are only three of us in my family because I am an only child.

Je suis le plus jeune/le cadet/le benjamin. *I am the youngest.*
Je suis l'enfant du milieu/au milieu. *I am the middle child.*
Je suis le plus âgé / Je suis l'ainé. *I am the eldest.*

Sample answers for a girl

Dans ma famille, nous ne sommes que deux personnes parce que je suis enfant unique et que j'habite avec ma mère/avec mon père.

There are only two of us in my family because I am an only child and I live with my mum/my dad.

Je suis la plus jeune/la cadette/la benjamine. *I am the youngest.*
Je suis l'enfant du milieu/ au milieu. *I am the middle child.*
Je suis la plus âgée/Je suis l'ainée. *I am the eldest.*

SECTION C: WRITING

Sample answers for all students

En plus de mes parents, j'ai … *As well as my parents I have …*
En plus de mon père, j'ai … *As well as my dad, I have …*
En plus de ma mère, j'ai … *As well as my mum, I have …*

Vocabulary

Dans ma famille, nous sommes ___ personnes / Il y a ___ personnes dans ma famille *There are ____ of us in my family*
    un grand frère *an older brother*
    un petit frère *a younger brother*
    une grande sœur *an older sister*
    une petite sœur *a younger sister*
    deux grands frères *two older brothers*
    deux petits frères *two younger brothers*
    deux grandes sœurs *two older sisters*
    deux petites sœurs *two younger sisters*
Mon frère s'appelle *My brother's name is*
Ma sœur s'appelle *My sister's name is*
    et il/elle a ___ ans *and he/she is ___ years old*
Mes frères s'appellent ___ et ___ *My brothers' names are ___ and ___*
Mes sœurs s'appellent ___ et ___ *My sisters' names are ___ and ___*
Mes parents s'appellent ___ et ___ *My parents' names are ___ and ___*
Mon père s'appelle ___ *My dad's name is ___*
Ma mère s'appelle ___ *My mum's name is ___*

J'habite avec ... *I live with ...*
    mes parents *my parents*
    mon père *my father*
    ma mère *my mother*
    mon beau-père *my stepfather*
    ma belle-mère *my stepmother*
    ma famille d'accueil *my foster family*
    mon frère *my brother*
    ma sœur *my sister*
    mon demi-frère *my half/stepbrother*
    ma demi-sœur *my half/stepsister*
    mes deux pères *my two fathers*
    mes deux mères *my two mothers*
    mes demi-frères *my half/stepbrothers*
    mes demi-sœurs *my half/stepsisters*
Je m'entends bien avec *I get along well with*
Je ne m'entends pas bien avec *I don't get along with*
Nous nous entendons très bien *We get along very well*
Nous ne nous entendons pas bien *We don't get along well*

Useful verbs

s'entendre *To get along*

Je m'entends	Tu t'entends	Il/Elle/On s'entend	Nous nous entendons	Vous vous entendez	Ils/Elles s'entendent

SECTION C: WRITING

Past exam question 5.7

Source: SEC Junior Cycle Final Examination Sample Paper, Section C: Writing, Question 17;
SEC Junior Cycle Final Examination 2022, Section C: Writing, Question 15;
SEC Junior Cycle Final Examination 2023, Section C: Writing, Question 17

Décris ta famille.

Sample answer A

Dans ma famille, nous ne sommes que trois personnes. Je n'ai ni frère ni sœur donc je suis enfant unique mais j'ai un chien qui s'appelle Lilo. J'habite un joli chalet avec mes parents. Ma mère s'appelle Sarah et mon père s'appelle James. Ma mère est institutrice et mon père est électricien. Ils sont parfois un peu stricts mais en général nous nous entendons très bien. Ils sont vraiment compréhensifs et ils m'aident toujours quand j'ai un problème. Nous sommes une famille vraiment sportive. Mon père joue au golf, ma mère joue au tennis et le weekend, je fais du footing avec eux.

Vocabulary

faire du footing *to jog*
ils m'aident toujours *they always help me*
avec eux *with them*
ne/n' … que/qu' *only*

Sample answer B

Il y a cinq personnes dans ma famille. Je suis le benjamin et j'ai un demi-frère et une demi-sœur plus âgés que moi. Mon demi-frère s'appelle Adam, il a dix-huit ans et ma demi-sœur s'appelle Kate, elle a vingt-deux ans. Mon père s'appelle Patrick et ma belle-mère s'appelle Elizabeth. Je m'entends bien avec tout le monde mais je me dispute parfois avec Adam parce qu'il est très autoritaire. Ma demi-sœur est étudiante universitaire. Elle est vraiment gentille et de temps en temps, nous allons au cinéma ensemble.

Vocabulary

se disputer *to argue*
autoritaire(s) *bossy*
ensemble *together*

Sample answer C

Dans ma famille, nous sommes cinq personnes. Comme je suis l'aînée, j'ai plus de responsabilités. En plus de mes deux mères, j'ai un petit frère et une petite sœur. Mon frère s'appelle Dylan et il a onze ans. Ma sœur s'appelle Mia et elle a neuf ans. Nous nous entendons tous très bien. J'adore passer du temps avec ma famille et nous faisons plein de choses ensemble. Mes mères s'appellent Eimear et Claire. Eimear est avocate et Claire est professeur de musique donc nous jouons tous d'un instrument de musique. Je dois souvent faire du babysitting. J'aime beaucoup ma famille.

Vocabulary

faire du babysitting *to babysit*
plein de choses *lots of things*
souvent *often*

Exercise 5.4

C'est maintenant ton tour. Décris ta famille.

Les tâches ménagères (Household chores)

 Sortir la poubelle

 Passer l'aspirateur

 Nettoyer la salle de bain

 Faire le lit

 Donner à manger au chien

 Vider/remplir le lave-vaisselle

 Faire la lessive

 Faire les courses

 Balayer le sol

 Faire la cuisine

 Mettre la table

 Ranger la chambre

Sample exam question 5.8

Fais-tu des tâches ménagères chez toi ?

Sample answer

J'aime beaucoup aider chez moi. Tous les jours ou chaque semaine, je dois faire quelques tâches ménagères. Chaque matin, je fais mon lit et je donne à manger au chien. L'après-midi, je mets la table et je vide ou remplis le lave-vaisselle. Le weekend, je range ma chambre et je passe l'aspirateur.

Exercise 5.5

Comment aides-tu à la maison ?

....
....
....
....
....
....
....
....
....

Décris ta maison (Describe your house)

J'habite … *I live (in) …*

    un (joli) pavillon *a (lovely) detached house/bungalow*

    une (belle) maison individuelle *a (beautiful) detached house*

    une (petite) maison jumelée *a (small) semi-detached house*

    un (grand) appartement *a (big) apartment*

    à un étage *single floor/storey*

    à deux étages *over two floors*

    à trois étages *over three floors*

Ma maison est … *My house is …*

Elle est … *It is …*

    grande/spacieuse et vieille *big and old*

    petite et charmante *small and quaint*

    moderne et douillette *modern and cosy*

    jolie et lumineuse *lovely and bright*

Key point

Remember, **maison** is a feminine singular noun so all adjectives must also be feminine singular. BAGS adjectives, covered on page 47, are very useful in this kind of descriptive writing.

Dans ma maison, il y a … pièces au total *There are … rooms in total*

Au rez-de-chaussée, il y a … *On the ground floor there is …*

Au premier étage, nous avons … *On the first floor we have …*

Nous avons aussi … *We also have …*

    une cuisine *a kitchen*

    … chambres *… bedrooms*

    une salle à manger *a dining room*

    une salle de bain *a bathroom*

    un salon *a sitting room*

    une buanderie *a utility room*

    un grenier (aménagé) *a (converted) attic*

    un WC *a toilet*

    un sous-sol *a basement*

    un bureau *an office*

    un jardin *a garden*

    une salle de jeux *a games room*

    un garage *a garage*

Location

Ma maison se trouve … *My house is located …*

Ma maison est située … *My house is located …*

    dans la banlieue *in the suburbs*

    dans un beau lotissement *in a lovely housing estate*

    au bord de la mer *by the sea*

    à côté d'un petit village *beside/next to a little village*

    à la campagne *in the countryside*

    à la montagne *in the mountains*

    assez près de l'école *quite near school*

    un peu loin du collège *a bit far from school*

    au centre-ville *in the city-centre*

    dans un milieu urbain *in an urban area*

    à … kilomètres du/de la/de l'/des *… kilometres away from …*

>
> Don't forget: **appartement** is a masculine singular noun so the adjective used to describe it must also be masculine singular.

Past exam question 5.9
Source: SEC Junior Cycle Final Examination Sample Paper, Section C: Writing, Question 16

Décris ta maison.

Sample answer A

J'habite un grand appartement au troisième étage avec ma famille. Il est assez grand, moderne et lumineux. Il y a neuf pièces au total. Nous avons une petite cuisine et une salle à manger, un grand salon avec un balcon, un WC, une buanderie, trois chambres et une grande salle de bain. Nous n'avons pas de grenier mais nous avons un peu d'espace de rangement. L'immeuble a six étages et il y a un ascenseur. Il y a un grand espace vert partagé entre tous les voisins. Mon appartement se trouve près du centre-ville mais assez loin de l'école. J'adore y habiter.

Vocabulary

le bâtiment *the building*	**un espace de rangement** *storage space*
un ascenseur *a lift*	**partager** *to share*
un espace vert *green space*	**partagé(e)(s)(es)** *shared*

Sample answer B

J'habite une jolie maison individuelle à deux étages avec ma famille. Il y a douze pièces au total. Ma maison est grande, moderne et lumineuse. Au rez-de-chaussée, nous avons une grande cuisine, un beau salon, une salle à manger, un WC, une buanderie et un petit bureau. Au premier étage, il y a trois chambres et deux salles de bain. Nous avons un garage et dans le grenier aménagé, il y a une salle de jeux. Nous avons de la chance parce que notre jardin est vraiment grand et que notre maison se trouve dans un lotissement près de la côte.

SECTION C: WRITING

Vocabulary

près de la côte *close to the coast*   **notre/nos** *our (singular/plural)*

Sample answer C

J'habite une belle maison mitoyenne à deux étages à Dublin. Notre maison est assez grande et il y a huit pièces au total. Au rez-de-chaussée, il y a une grande cuisine, un salon, une salle à manger et une buanderie. Au premier étage, nous avons trois chambres et une grande salle de bain. Ma maison est située dans un lotissement énorme dans la banlieue de Dublin à seulement six kilomètres du centre-ville. J'adore ma maison parce qu'elle est assez moderne, spacieuse et lumineuse.

When writing the description of your house, be sure to use a variety of verbs, e.g. **il y a, nous avons, on a, c'est**, etc.

Exercise 5.6

C'est maintenant ton tour. Décris ta maison.

Mon quartier, mon voisinage (My neighbourhood)

Mon quartier est … *My neighbourhood is*

- **accueillant** *friendly/welcoming/hospitable*
- **agréable/joli** *beautiful*
- **animé** *lively*
- **bruyant** *noisy*
- **calme** *quiet*
- **charmant** *lovely*
- **moderne** *modern*
- **multiculturel** *multicultural*
- **propre** *clean*
- **sûr** *safe*

Il est situé *It is located*

Mon quartier se trouve *My area is located*

Mon quartier est situé *My area is located*

Mon lotissement se trouve *My housing estate is located*

- **dans la banlieue** *in the suburbs*
- **sur la côte** *on the coast*
- **à côté d'un village** *next to a village*
- **dans les montagnes** *in the mountains*
- **dans une zone côtière** *in a coastal area*
- **dans un centre urbain** *in an urban centre*
- **à la campagne** *in the countryside*
- **dans une zone rurale** *in a rural area*
- **au centre-ville** *in the city centre*
- **en périphérie de la ville** *on the outskirts of the city*

C'est/il est à … kilomètres/minutes de *It's … kms/minutes from*

Nous avons pas mal de commodités *We have a lot of amenities*

Il y a beaucoup de petits magasins *There are a lot of small shops*

Dans mon quartier, il y a … *In my area there is/are*

Dans mon voisinage, nous avons … *In my neighbourhood we have*

SECTION C: WRITING

un bureau de poste *a post office*	**un sentier côtier** *a coastal path*
un hôpital *a hospital*	**une poissonnerie** *a fishmonger's*
un arrêt de tram *a tram station*	**une agence de voyage** *a travel agency*
un jardin public *a park*	**une papèterie** *a stationery shop*
un bowling *a bowling alley*	**une pâtisserie** *a cake shop*
un kiosque à journaux *a newsagent*	**une banque** *a bank*
un centre commercial *a shopping centre*	**une pharmacie** *a pharmacy*
un office de tourisme *a tourist office*	**une bibliothèque** *a library*
un centre sportif *a sports centre*	**une plage** *a beach*
un parc/un jardin public *a park*	**une bijouterie** *a jeweller's*
un cinéma *a cinema*	**une piscine** *a swimming pool*
un club de GAA *a GAA club*	**une boucherie** *a butcher's*
un salon de beauté *a beauty salon*	**une place** *a public square*
un club de rugby *a rugby club*	**une boulangerie** *a bakery*
un salon de coiffure *a hairdresser's*	**une quincaillerie** *a hardware store*
un club de tennis *a tennis club*	**une salle de concert** *a concert venue*
un stade *a stadium*	**une église** *a church*
un commissariat *a police station*	**une forêt** *a forest*
un supermarché *a supermarket*	**une salle de sport** *a gym*
un épicier *a greengrocer's*	**une gare routière** *a bus station*
un terrain de golf *a golf course*	**une station-service** *a petrol station*
un fleuriste *a florist's*	**une librairie** *a bookshop*
un théâtre *a theatre*	**une université** *a university*

While you may not be asked to write about your own area in the final exam, you may be asked to write about someone else's area, as you were in 2023: **Décris le quartier de ton correspondant / ta correspondante**. Therefore, having practised writing about your own area in preparation for the exam will be very helpful. The description of your own area could be easily adapted, for example **mon quartier** would change to **son quartier** (his/her area). The same holds true for most of the topics in this chapter.

Prepositions

en face de *opposite*
devant *in front of*
à gauche de *to the left of*
à droite de *to the right of*
derrière *behind*
au centre de *in the middle of*
entre le/la/l'/les *between*
près de/loin de/à côté de *close to/far from/beside*

Partitive articles

Masc. sing.	du, de l'
Fem. sing.	de la, de l'
Plural	des

Sample answer A

Mon quartier est agréable, sûr, propre et vraiment accueillant. Dans mon quartier, il y a un centre commercial avec un cinéma, des restaurants, des cafés et un grand supermarché. Heureusement, nous avons aussi un centre sportif municipal avec une piscine, un terrain de basket et une salle de sport. Mon voisinage se trouve dans la banlieue de Dublin près de la côte, à sept kilomètres du centre-ville. Il n'y a jamais de problèmes. J'adore habiter dans ce quartier.

Vocabulary

municipal/municipale/municipaux/municipales *public (i.e. run by the local authority)*

Sample answer B

J'habite à la campagne. C'est assez joli mais un peu trop calme parfois, à mon avis. Il y a beaucoup d'arbres, d'animaux et de champs. J'habite dans une ferme à trois kilomètres d'un petit village. Dans le village, nous avons un restaurant, une église, une pharmacie, un club de GAA, un bar et un petit supermarché. J'aimerais avoir un centre sportif. J'adore la vie rurale.

A description of your area should include adjectives that best describe it, a list of amenities, information relating to its location and a comment on how you feel about your neighbourhood. Don't forget you can also mention the amenities that are lacking by using **il n'y a pas de/d'**. **Malheureusement, il n'y a pas de piscine près de chez moi** (Unfortunately, there is no swimming pool near my house).

SECTION C: WRITING

Exercise 5.7

Your French exchange student has emailed you with some information about themselves. Write a response in **French** to the questions below:

Décris ton quartier.

....
....
....
....
....

Décris ton école (Describe your school)

Whether you use **collège** (masc.) or **école** (fem.) to refer to your school, ensure that all adjectives agree.

Mon collège (masc. sing.)	Mon école (fem. sing.)
Mon collège s'appelle …	Mon école s'appelle …
Mon/Notre collège est …	Mon/Notre école est …
grand	grande
petit	petite
ancien	ancienne
moderne	moderne
traditionnel	traditionnelle
multiculturel	multiculturelle
mixte	mixte
C'est un collège de filles	C'est une école de filles
C'est un collège de garçons	C'est une école de garçons

To make adjectives weaker or stronger, use adverbs such as **assez**, **un peu**, **plutôt**, **si**, **très**, **vraiment**.

très *very*
assez *quite*
vraiment *really*
réellement *really*
si *so*

Dans notre école, il y a environ … élèves et … professeurs. *In our school, there are around … students and … teachers*

Heureusement, nous avons de bonnes installations. *Luckily, we have good facilities.*

Malheureusement, nous n'avons pas de bonnes installations. *Unfortunately, we don't have good facilities.*

Les installations (Facilities)

beaucoup de salles de classe *lots of classrooms*
un laboratoire de sciences *a science lab*
un petit amphithéâtre *a lecture theatre*
un casier *a locker*
un vestiaire *a changing room*
un nouveau bâtiment *a new building*
un terrain de football *a football pitch*
un terrain de rugby/hockey *a rugby/hockey pitch*
un terrain de gazon synthétique *an all-weather pitch*
un terrain de basket *a basketball court*
un grand gymnase *a big sports hall*
une salle de dessin *an art room*
une salle de méditation *a meditation room*
une salle de musique *a music room*
une bibliothèque *a library*
une grande cour *a big yard*
une salle d'informatique *a computer room*
une salle d'arts ménagers *a home-economics kitchen*
une cantine scolaire *a school canteen*
une salle des professeurs *a staff room*

Les équipes scolaires de sport (School sports teams)

une équipe/l'équipe de *a/the … team*
   basket
   rugby
   football
   hockey
   football gaélique
   hurling/camogie

L'ambiance scolaire (School atmosphere)

À l'école/Au collège, il y a une bonne ambiance *There's a good atmosphere in the school*

L'ambiance est … *The atmosphere is …*
   décontractée *laid-back*
   un peu stricte *a bit strict*
   joviale *cheerful*
   amicale *friendly*
   agréable *pleasant*
   positive *positive*
   respectueuse *respectful*
   accueillante *welcoming*

L'emplacement de l'école/du collège (The location of the school)

Mon école se trouve *My school is located*
L'école est située *The school is located*
Mon collège est situé *My school is located*
Le collège se trouve *The school is located*

- **dans la banlieue** *in the suburbs*
- **au bord de la mer** *by the sea*
- **à la campagne** *in the countryside*
- **dans un lotissement** *in a housing estate*
- **au centre-ville** *in the city/town centre*
- **assez près de chez moi** *quite near my home*
- **à la montagne** *in the mountains*
- **à côté d'un petit village** *next to a small village*
- **un peu loin de ma maison** *a little bit far from my house*
- **dans un milieu urbain** *in the heart of an urban area*
- **sur la côte** *on the coast*
- **à … kilomètres de …** *… km away from …*

Sample exam question 5.10

Décris ton école.

Sample answer A

Mon école s'appelle Coláiste Bride. L'école est traditionnelle, assez ancienne et très grande. Il y a environ huit cents élèves et cinquante professeurs. C'est une école mixte avec une ambiance joviale et décontractée. Nous avons pas mal de bonnes installations. Il y a beaucoup de salles de classe, deux salles d'informatique, quatre laboratoires de sciences, une grande bibliothèque, une salle de musique, trois salles d'arts ménagers et une salle de dessin. Nous avons aussi un amphithéâtre, une cantine scolaire, une salle de méditation et une salle des profs. Chaque élève a un casier individuel. Pour le sport, il y a un grand gymnase avec un terrain de basket et en plein air on a des terrains de foot, de hockey et de rugby. Un terrain est de gazon synthétique.

Vocabulary

pas mal de *quite a lot of*

Sample answer B

Mon collège s'appelle Saint Laurence. Le collège est vraiment moderne, assez petit et multiculturel, situé dans un lotissement. C'est un collège de garçons et il y a trois cent cinquante élèves et vingt-cinq professeurs. Heureusement, nous avons de bonnes installations. Il y a un grand gymnase avec un terrain de basket et deux terrains de football. Le collège a aussi quinze salles de classe, deux laboratoires de sciences, une salle d'informatique, une salle de dessin et une petite bibliothèque. L'ambiance est un peu stricte mais respectueuse.

Exercise 5.8

Your French exchange student has emailed you with some information about themselves. Write a response in **French**.

Décris ton collège.

---

exam focus

Here is a checklist to ensure your description of your school is thorough, of a high standard and likely to achieve top marks.

Name	
Adjectives	
Number of students/teachers	
Mixed/all girls/all boys	
Facilities	
Sports	
Atmosphere	

SECTION C: WRITING

Décris l'uniforme scolaire (Describe your school uniform)

1	+2	+3
Dans mon école / Dans notre collège …	je porte *I wear* on porte *we wear* nous portons *we wear* nous devons porter *we must wear* il faut porter *we have to wear* tous les élèves portent *all the students wear*	l'uniforme scolaire *school uniform*

Useful verbs

Porter *to wear*

Je porte	Tu portes	Il/Elle porte	Nous portons	Vous portez	Ils/Elles portent

1	+ 2	+ 3	Singular	Plural
L'uniforme scolaire *The school uniform*	se compose de/d' *is made up of, consists of*	un chemisier *a blouse* un pull *a jumper* un pantalon *trousers* un polo *a polo shirt* un survêtement *a tracksuit*	masculine singular noun	
Mon uniforme scolaire *My school uniform*		une jupe *a skirt* une chemise *a shirt* une cravate *a tie* une écharpe *a scarf*	feminine singular noun	
Notre uniforme scolaire *Our school uniform*		des chaussures *shoes* des chaussettes *socks*		feminine plural noun

Colour

	Masc. sing.	Fem. sing
white	blanc	blanche
light blue	bleu clair	bleu clair
navy	bleu marine	bleu marine
brown	brun/marron	brune/marron
grey	gris	grise
yellow	jaune	jaune
black	noir	noire
pink	rose	rose
red	rouge	rouge
green	vert	verte
purple	violet	violette

Other vocabulary

de couleur crème *cream-coloured*

de couleur bleu marine *navy coloured*

Je crois que l'uniforme est *I think the uniform is*	dépassé *old-fashioned* élégant *smart* joli *nice* laid *ugly*	confortable *comfortable* moderne *modern* inconfortable *uncomfortable* pratique *practical*

Sample answer A

Dans mon école, nous portons tous l'uniforme scolaire. L'uniforme se compose d'un pull noir, d'une chemise blanche, d'une cravate grise, d'un pantalon gris, de chaussures et de chaussettes noires. Le jour où nous avons éducation physique, nous pouvons porter le survêtement scolaire. Je crois que l'uniforme est confortable et élégant.

Vocabulary

je crois que/qu' *I think that*

> **key point**
>
> **L'uniforme** is a masculine singular noun so the adjectives used to describe it must also be masculine singular.

Sample answer B

Dans mon école, nous portons tous l'uniforme scolaire. Je porte une jupe grise, un pull bleu marine (avec le blason de l'école brodé), un chemisier blanc, des chaussettes blanches et des chaussures noires. Les garçons doivent porter un pantalon gris et une cravate bleu marine. Ça m'est égal de porter un uniforme parce que je crois qu'il est très pratique. En plus, le matin, je n'ai pas besoin de choisir des vêtements.

Vocabulary

le blason de l'école brodé *the embroidered school crest*
ça m'est égal de/d' + infinitif *I don't mind + ... ing*
je n'ai pas besoin de/d' + infinitif *I don't need to*

Sample answer C

À l'école, je dois tous les jours porter l'uniforme. L'uniforme se compose d'un pantalon noir, d'un pull gris, d'une chemise blanche, de chaussettes grises et de chaussures noires. Je porte aussi une cravate noire avec des rayures blanches. Je n'aime pas l'uniforme car c'est trop inconfortable. Mais pendant les cours d'éducation physique, nous portons des chaussures de sport et un survêtement noir, j'aime bien ça.

Vocabulary

des rayures (f. pl.) *stripes*   **trop + adjectif** *too + adjective*

SECTION C: WRITING

Even though it is not explicitly asked, end the description by mentioning how you feel about wearing a school uniform, i.e. say whether you like it or not and give one reason why.
Ça m'est égal de porter un uniforme scolaire.
I don't mind wearing a school uniform.
Le matin, je n'ai pas besoin de choisir d'autres vêtements.
In the morning, I don't need to choose other clothes.

Exercise 5.9

Your French exchange student has emailed you with some information about themselves. Write a response in **French** to the question below:

Décris ton uniforme.

Les professeurs
(The teachers)

1	+ 2	+ 3
En général, les professeurs sont ... *In general the teachers are*	très *very*	aimables *friendly*
	assez *quite*	drôles *funny*
	vraiment *really*	serviables *helpful*
Les professeurs sont ... *The teachers are*	réellement *really*	compréhensifs *understanding*
		travailleurs *hard-working*
	si *so*	stricts *strict*
		énergiques *energetic*
Les professeurs ne sont pas ... *The teachers are not*	toujours *always*	organisés *organised*
	parfois *sometimes*	divertissants *fun*
		justes *fair*
Ils ne sont jamais ... *They are never*	rarement *rarely*	de bonne humeur *in a good mood*
	quelquefois *sometimes*	de mauvaise humeur *in a bad mood*
		exigeants *demanding*
D'habitude, ils ne sont pas ... *They are not usually*	souvent *often*	en colère *angry*
		fatigués *tired*
		sévères *strict*
		grincheux *grumpy*
		injustes *unfair*

Exercise 5.10
En général, comment sont tes professeurs ?

....
....
....
....
....

À l'école, tu étudies quelles matières ?
(At school, what subjects do you study?)

Verbes importants

Parler *To speak*

| Je parle | Tu parles | Il/Elle parle | Nous parlons | Vous parlez | Ils/Elles parlent |

Étudier *To study*

| J'étudie | Tu étudies | Il/Elle étudie | Nous étudions | Vous étudiez | Ils/Elles étudient |

Apprendre *To learn*

| J'apprends | Tu apprends | Il/Elle apprend | Nous apprenons | Vous apprenez | Ils/Elles apprennent |

Faire *To do*

| Je fais | Tu fais | Il/Elle fait | Nous faisons | Vous faites | Ils/Elles font |

SECTION C: WRITING

Les langues (Languages)

l'espagnol *Spanish*   le chinois *Chinese*
l'irlandais, le gaélique *Irish*   le japonais *Japanese*
le français *French*   l'italien *Italian*
l'allemand *German*

Les autres matières (Other subjects)

les mathématiques *Maths*   la religion *Religion*
l'anglais *English*   l'informatique *IT, Computers*
les sciences *Science*   les arts ménagers *Home Economics*
l'histoire *History*   l'éducation physique *Physical Education*
la géographie *Geography*   le commerce *Business*
la musique *Music*   la menuiserie *Woodwork*
le dessin *Art*

Other vocabulary

faire les devoirs *to do homework*   un examen/une épreuve *exam*
les professeurs/les enseignants *teachers*   les camarades de classe *classmates*
un cours *class/lesson*   avoir de bonnes/mauvaises notes *to get good/bad grades*
une salle de classe *classroom*

Sample exam question 5.11

Tu étudies quelles matières ?

Sample answer

J'étudie les matières obligatoires : les mathématiques, l'anglais, l'irlandais, la géographie, l'histoire, la religion, l'informatique, l'éducation physique et les sciences. Comme langue moderne, je fais du français et mes matières facultatives sont le commerce, le dessin et la musique.

Vocabulary

les matières obligatoires *compulsory subjects*
mes matières facultatives *my optional subjects*

Sample exam question 5.12

Combien de matières étudies-tu ?

Sample answer

J'étudie treize matières au total : les mathématiques, l'anglais, l'irlandais, la géographie, l'histoire, la religion, l'informatique, l'éducation physique et les sciences. Je fais aussi de l'espagnol et du français et mes matières facultatives sont les arts ménagers et la menuiserie.

Past exam question 5.13

Source: SEC Junior Cycle Final Examination 2022, Section C: Writing, Question 15

Your class is participating in an exchange programme with a school in Bordeaux. In order to match you with a suitable exchange partner (**correspondant/correspondante**) fill in the following form in **French**.

[…]

Quelle est ta matière préférée ? Pourquoi ?

Sample answer

J'adore les sciences. À mon avis, c'est une matière très intéressante et je ne m'ennuie jamais pendant les cours. Je les trouve assez faciles et j'obtiens toujours de très bonnes notes sans trop travailler. En plus la professeure de sciences est vraiment gentille et compréhensive. J'aime bien les mathématiques aussi mais les sciences sont ma matière préférée.

Vocabulary

s'ennuyer *to get bored*	**je ne m'ennuie jamais** *I never get bored*
gentil(le)(s) *nice/lovely*	**j'obtiens de bonnes notes** *I get good grades/results*

Exercise 5.11

Tu étudies quelles matières à l'école ?

Exercise 5.12

Quelle est ta matière préférée/favorite ?

....
....
....
....
....
....
....

Les passe-temps/les loisirs (Pastimes)

When you want to talk about what you do in your free time, there are a few very useful French verbs: **jouer, pratiquer, faire**

Jouer *To play*

| Je joue | Tu joues | Il/Elle joue | Nous jouons | Vous jouez | Ils/Elles jouent |

Jouer + à (for sports)

- au badminton
- au handball
- au baseball
- au basket ball
- au football
- au football gaélique
- au golf
- au hockey
- au hurling/au camogie
- au rugby
- au tennis
- au volley ball
- aux cartes *cards*
- à des jeux vidéo *video games*
- aux échecs *chess*

Jouer + de (for music)

- **d'un instrument de musique** *a musical instrument*
- **de la musique** *music*
- **de la batterie** *drums*
- **de la flute** *flute*
- **de la guitare** *guitar*
- **de la harpe** *harp*
- **du piano** *piano*
- **du trombone** *trombone*
- **du violon** *violin*

Other vocabulary

- **jouer en direct** *to play live*

pratiquer + le/la …

pratiquer *to do, to practise*

| Je pratique | Tu pratiques | Il/Elle pratique | Nous pratiquons | Vous pratiquez | Ils/Elles pratiquent |

l'athlétisme *athletics*
les arts martiaux *martial arts*
le cyclisme *cycling*
la danse *danse*
l'équitation *horseriding*
l'escalade *climbing*
le jogging *jogging*
la natation *swimming*

le patinage *skating*
le patin à glace *ice skating*
le skateboard *skateboarding*
le ski *skiing*
le sport *sports*
le théâtre *drama*
le vélo *cycling*
la voile *sailing*

faire du/de la/de l'/des + name of sport

faire *To do*

| Je fais | Tu fais | Il/Elle fait | Nous faisons | Vous faites | Ils/Elles font |

Faire …
- **du cheval** *do horseriding*
- **du footing** *go jogging*
- **du jogging** *go jogging*
- **du patinage** *go skating*
- **du Pilates** *do Pilates*
- **du snowboard** *go snowboarding*
- **du sport** *do sport*
- **du surf** *go surfing*
- **du yoga** *do yoga*
- **de la randonnée** *go hiking*
- **de la course à pied** *do running*
- **de la couture** *do sewing*
- **de la danse** *dancing*
- **de l'entrainement** *go training*
- **de l'équitation** *horseriding*
- **de l'escalade** *do/go climbing*
- **de la voile** *do/go sailing*
- **de l'escrime** *do fencing*
- **de l'exercice** *do exercise*
- **de la gymnastique** *do gymnastics*
- **de la musculation** *do/lift weights*
- **de la natation** *do swimming*
- **de la planche à voile** *do windsurfing*
- **de la plongée** *go diving*
- **de l'aviron** *do rowing*
- **des arts martiaux** *do martial arts*
- **une activité physique** *do a physical activity*
- **une promenade** *go for a walk*
- **une promenade en bateau** *go on a boat*

lire *To read*

| Je lis | Tu lis | Il/Elle lit | Nous lisons | Vous lisez | Ils/Elles lisent |

des e-books *eBooks*   **des romans** *novels*   **des bandes dessinées** *comic books*

être *To be*

| Je suis | Tu es | Il/Elle est | Nous sommes | Vous êtes | Ils/Elles sont |

sportif(s)/sportive(s) *sporty*   **athlétique(s)** *athletic*
artistique(s) *artistic*   **un rat de bibliothèque** *a bookworm*
créatif(s)/créative(s) *creative*   **en forme** *fit*

Vocabulary

s'entrainer *to train/go training*   **tchatter** *to chat online*
plonger *to dive*   **télécharger** *to download*
nager *to swim*   **le blogueur, la blogueuse** *blogger*
se baigner *to go for a swim*   **joueur(s)/joueuse(s)** *player(s)*
dessiner *to draw*   **l'entraineur(s)/ l'entraineuse(s)** *coach/trainer*
peindre *to paint*   **l'arbitre** *referee*
se promener *to go for a walk*   **instructeur/instructrice** *instructor*
regarder la télé *to watch TV*

Talking about your pastimes

J'aime bien le/la/les … *I really like* + noun

J'adore le/la/les … *I love* + noun

J'aime bien … *I really like to …* + infinitive verb

J'adore … *I love to* + infinitive verb

Je me passionne pour le/la/les … *I am crazy about …*

Je passe un temps fou à … + infinitive verb *I spend a crazy amount of time doing …*

Je passe beaucoup de temps à … + infinitive verb *I spend a lot of time doing …*

Sample exam question 5.14

Qu'est-ce que tu aimes faire pendant ton temps libre ?

Sample answer

Je me passionne pour le football gaélique. Je joue pour deux équipes, un club local et l'équipe scolaire. Je m'entraine donc trois fois par semaine. Le mercredi, après les cours, je m'entraine avec l'école et normalement nous avons un match le vendredi après-midi. Avec le club, on s'entraine le mardi et le jeudi soir et d'habitude je joue un match le dimanche matin. J'adore être en forme. Le sport est très important dans ma vie.

Sample exam question 5.15

As-tu des passetemps ?

Sample answer

Pendant mon temps libre, je passe un temps fou à jouer de la guitare. Il y a quatre ans, mes parents m'ont offert une guitare pour mon anniversaire et je suis devenue totalement accro. J'ai appris à jouer de la guitare grâce aux vidéos YouTube. J'en joue presque tous les soirs. À l'école, j'étudie la musique et c'est ma matière préférée, je la trouve vraiment facile.

Other vocabulary

Je suis devenu(e) accro *I became addicted*
grâce au/à la/à l'/aux *thanks to*

Exercise 5.13

Qu'est-ce que tu fais pendant ton temps libre ?

....
....
....
....
....
....
....
....

SECTION C: WRITING

Past exam question 5.16

Source: SEC Junior Cycle Final Examination 2022, Section C: Writing, Question 15; SEC Junior Cycle Final Examination 2023, Section C: Writing, Question 17

Qu'est-ce que tu aimes manger ?

Sample answer

J'ai de la chance parce que mes parents, tous les deux, cuisinent chez nous. Tous les jours, ma mère ou mon père prépare un repas délicieux avec des ingrédients frais et nous dînons toujours tous ensemble à table. J'adore le poisson et les fruits de mer, surtout les crevettes, mais j'aime bien aussi le poulet rôti avec des pommes de terre rôties, c'est magnifique ! Le matin, je prends des œufs brouillés. À l'école, au déjeuner, j'aime bien prendre un roulé au poulet ou au porc fait maison et des fruits.

Vocabulary

faire la cuisine *to cook*	**fait(e)s maison** *home-made*
un repas *a meal*	**un roulé** *a wrap*

Décrire des personnes physiquement
(Describing people physically)

1	+ 2
Je suis *I am*	assez petit/petite *quite short*
Il/Elle est *He/She is*	de taille moyenne *of average height*
Mon frère est *My brother is*	plutôt grand/grande *quite tall*
Ma sœur est *My sister is*	vraiment grand/grande *really tall*
Mon père est *My father is*	très beau/belle *very good-looking*
Ma mère est *My mother is*	mignon/mignonne *cute*
Mon meilleur ami est *My best friend is*	mince *slim*
Ma meilleure amie est *My best friend is*	fort/forte *strong*
Mon petit ami est *My boyfriend is*	
Ma petite amie est *My girlfriend is*	

1	+ 2	+ 3
J'ai *I have* Il a *He has* Elle a *She has* Mon ami(e) a *My friend has* Mon frère a *My brother has* Ma sœur a *My sister has* Mon père a *My dad has* Ma mère a *My mum has* Ils ont *They have* Elles ont *They have*	les yeux *eyes*	bleus *blue* verts *green* marron *brown* noisette *hazel*
	les cheveux *hair*	blonds *blonde* bruns *brown* châtains *chestnut* noirs *black* roux *red* longs *long* courts *short* frisés *curly* bouclés *curly* raides *straight* ondulés *wavy*
	des taches de rousseur *freckles* une frange *a fringe*	

key point

In **les yeux noisette**, **noisette** does not agree in number; i.e. it does not take the plural form.

Décrire la personnalité
(Describing people's personalities)

1	+ 2
Je suis *I am* Il est *He is* Mon meilleur ami est *My best friend is* Mon frère est *My brother is* Mon père est *My dad is* Mon grand-père est *My grandfather is* Elle est *She is* Ma meilleure amie est *My best friend is* Ma sœur est *My sister is* Ma mère est *My mum is* Ma grand-mère est *My grandmother is*	actif, active *active* agréable *lovely* aimable *friendly* amusant/amusante *funny* artistique *artistic* autoritaire *bossy* bavard/bavarde *chatty* calme *quiet* compréhensif, compréhensive *understanding* drôle *funny* énergique *energetic* énervant/énervante *annoying* généreux, généreuse *generous* honnête *honest* intelligent/intelligente optimiste ouvert/ouverte *open-minded* paresseux, paresseuse *lazy* patient/patiente rêveur, rêveuse *dreamer* sage *wise/well-behaved* sincère *sincere* honnête *honest* sociable *sociable* sportif, sportive *sporty* studieux, studieuse *studious* sympa *nice* timide *shy* travailleur, travailleuse *hard-working*

SECTION C: WRITING

Sample exam question 5.17

Your French teacher is organising an eTwinning project with a French school in Bordeaux. You want to take part in the exchange. Answer the following question on the form:

Décris ton meilleur ami/ta meilleure amie.

Sample answer A

Mon meilleur ami s'appelle Mark. Physiquement, il est de taille moyenne, assez fort et mignon et il a les yeux noisette. Quant à sa personnalité, Mark est vraiment bavard, sociable et drôle. Il parle tout le temps donc il est énervant parfois mais ça m'est égal. Nous sommes tous les deux très sportifs. Nous aimons tous les sports mais nous jouons au football gaélique ensemble et aussi au golf. Mark adore être en forme donc il fait du footing tous les matins avant l'école. Il vient d'une famille nombreuse. Il a trois sœurs et deux frères et il est le benjamin de sa famille.

Vocabulary

tout le temps *all the time*	**être en forme** *to be/stay fit*
tous les deux *both (of us)*	**Il vient d'une famille nombreuse** *He comes from a large family*
ensemble *together*	

Sample answer B

Ma meilleure amie s'appelle Niamh. Physiquement, elle est très grande, assez mince et mignonne. Elle a les cheveux châtains, longs et ondulés et les yeux bleus. Elle est une personne aimable, ouverte et amusante. Nous rions beaucoup ensemble. À l'école, Niamh est vraiment travailleuse et elle est si intelligente qu'elle a toujours de très bonnes notes dans toutes les matières. À l'avenir, Niamh veut étudier la médecine. Elle adore la lecture et elle a toujours un roman dans son sac à dos. Heureusement, nous vivons toutes les deux dans le même lotissement.

Vocabulary

nous rions *we laugh*	**la lecture** *reading*
un roman *a novel*	**sac à dos** *backpack*
le/la même *the same*	**avoir de très bonnes notes** *to get very good grades*

Exercise 5.14

Décris ton meilleur ami/ta meilleure amie.

....
....
....
....
....
....
....
....

Écrire un courriel, une lettre ou un blog quand tu es en vacances (Writing an email, a letter or a blog while on holiday)

For this written task, you will be expected to write about activities in the present, past and future. You will write about activities you do, did, will do alone or with others. Therefore, you need to concentrate on knowing how to write verbs in the **je** and **nous** form in different tenses.

Remember that for actions, one person **et moi** requires the **nous** form, and multiple people **et moi** requires the **nous** form. Examples:
Ma sœur et moi partageons la même chambre d'hôtel.
My sister and I are sharing the same hotel room.
Ma famille et moi avons pris un vol Air France pour venir ici.
My family and I took an Air France flight to get here.

Opening your letter/blog

Me voilà à [place] *Here I am in ...*

En ce moment, je suis en vacances avec ma famille en/au/aux [country]
At the moment I am on holiday with my family in ...

Nous passons une semaine à ... *We are spending a week in ...*

En ce moment, je suis en vacances à ... *At the moment, I am on holidays in ...*

SECTION C: WRITING

In French, to say that you are in or at a *place*, you use **à** before the name of a place that is not a country. For example:
Je suis à Galway/à Paris/à Cobh/à Nantes/à Londres/à Westport.
I am in Galway/Paris/Cobh/Nantes/London/Westport.
However, when you want to say you are in a *country*, you use the preposition **en** for feminine countries and those starting with a vowel, **au** for masculine countries, and **aux** for plural. For example:
Nous sommes en Irlande/en France/en Angleterre/en Italie/en Espagne.
We are in Ireland/in France/in England/in Italy/in Spain.
Il est né au Portugal/au Canada/au Japon/au Maroc.
He was born in Portugal/in Canada/in Japan/in Morocco.
Elle est née aux États-Unis/aux Pays-Bas.
She was born in the USA/in the Netherlands.

Je suis arrivé à [place] en [country] *I arrived in*	hier *yesterday*
	hier matin *yesterday morning*
	hier soir *yesterday evening*
Je suis arrivée à [place] en [country] *I arrived in*	avant-hier *the day before yesterday*
	il y a trois jours *three days ago*
	il y a deux semaines *two weeks ago*
Nous sommes arrivés à [place] en [country] *We arrived in*	il y a une semaine *a week ago*
	il y a une quinzaine *a fortnight ago*
	il y a dix jours *ten days ago*
Nous sommes arrivées à [place] en [country] *We arrived in*	le weekend (dernier) *last weekend*
	le lundi *on Monday*

Useful phrases when staying with an exchange partner

Quand je suis sorti(e), mon correspondant et sa mère m'attendaient dans la zone des arrivées. *When I came out, my exchange partner and his mother were waiting for me in the arrivals hall.*

Quand je suis arrivé(e), ma correspondante et son père m'attendaient à l'aéroport. *When I arrived, my exchange partner and her father were waiting for me at the airport.*

In the 2022 and 2023 exams, candidates had to write about staying with their exchange partner **correspondant** (male) or **correspondante** (female). Therefore, you should readily recognise this vocabulary.

il y a + an amount of time = ago

Ending your letter

Amitiés *Best wishes*

Amicalement *Best wishes*

À bientôt *See you soon*

Je t'embrasse *Sending you hugs*

Tu me manques *I miss you*

Bises/Bisous *Kisses*

À la prochaine fois *Until next time*

C'est tout pour le moment *That's all for now*

Écris-moi vite *Write to me soon*

Dis bonjour de ma part à … *Say hi to … from me*

Dis bonjour à tout le monde de ma part *Say hi to everyone from me*

Nous nous voyons bientôt *We will see each other soon*

Le voyage (The journey)

1	+ 2	+ 3	+ 4	+ 5
Hier *Yesterday*	j'ai pris *I took*	un vol *a flight*	à (ville) *from (city/place)*	pour venir ici *to come/get here.*
Hier matin *Yesterday morning*	nous avons pris *We took*	un ferry		
Hier soir *Last night*		un train	de/d' (ville) *from (city/place)*	
Le weekend *At the weekend*	ma famille et moi avons pris *My family and I took*	un bus		
Il y a quelques jours *A few days ago*		un autocar *a coach*		
Il y a une semaine *A week ago*			despuis (ville) *from (city/place)*	
Le samedi *On Saturday*				

Example

Il y a quelques jours, j'ai pris un vol à Dublin pour venir ici.
A few days ago, I took a flight from Dublin to get here.

SECTION C: WRITING

Useful phrases

Mes parents ont loué une voiture à l'aéroport. *My parents hired a car at the airport.*

Ensuite, nous avons voyagé en voiture/en autocar/en train jusqu'à la station balnéaire/de ski. *Then we travelled by car/by coach/by train to the seaside/ski resort.*

Le logement (Accommodation)

Loger *To stay*

Je loge	Tu loges	Il/Elle loge	Nous logeons	Vous logez	Ils/Elles logent

Je loge avec ma famille *I am staying with my family* Ma famille et moi logeons *My family and I are staying* Nous logeons *We are staying* On loge *We are staying*	dans un hôtel *in a hotel* dans un appartement *in an apartment* dans une maison louée *in a rented house* dans un gîte *in a bed & breakfast* dans un camping *in a campsite* dans une station balnéaire *in a beach resort* dans un chalet *in a cabin* dans une station de ski *in a ski resort* dans une maison de vacances *in a holiday home*	au bord de la mer *by the sea* près de la plage *close to the beach* en face de la mer *facing the sea* à côté d'un lac *next to a lake* au milieu d'un village de montagne *in the middle of a mountain village*

Useful phrase

Je loge chez mon/ma correspondant(e) *I am staying at my pen pal's house.*

Don't forget you can add more detail and be more descriptive with your writing by adding some adjectives, e.g. **un joli chalet**, **une grande station**, **un beau gîte**, **une longue plage**. BAGS adjectives (see page 47) are very useful to add more detail.

Useful phrases

Je viens de/d' ... *I've just* + infinitive

Je viens d'arriver *I have just arrived*

J'ai hâte de/d' *I am looking forward to* + infinitive

J'ai hâte d'aller en France *I'm looking forward to going to France*

J'attends ... avec impatience *I am looking forward to ...*

J'attends les vacances avec impatience *I am looking forward to my holiday*

Descriptions

Le paysage *the scenery* Ce village *this village* Cet endroit *this place*	est *is*	vraiment *really*	beau *beautiful* incroyable *incredible* saisissant *breathtaking* magnifique *amazing*
Cette ville *this city* Cette région *this region* La plage *the beach*		réellement *really*	belle *beautiful* saisissante *breath-taking* divertissante *fun/enjoyable* magnifique *amazing*
Ces vacances *This holiday* Mes vacances *My holiday* Nos vacances *Our holiday*	sont *are*	tellement *so*	magnifiques *amazing* fantastiques *fantastic*

In English, 'holiday' is a singular noun, but in French it is a feminine plural noun, **vacances**, so it takes the **elles** form of the verb and a plural adjective, e.g. **Mes vacances sont formidables** (My holiday is fantastic).

Le temps (The weather)

Describing the weather at the moment (Le présent de l'indicatif)

Il fait très beau *It's lovely* **Il y a des nuages** *It's cloudy*

Il fait mauvais *It's bad* **Il y a du brouillard** *It's foggy*

Il fait chaud *It's hot* **Il y a de l'orage** *It's stormy*

Il fait froid *It's cold* **Il gèle** *It's freezing*

Il y a du soleil *It's sunny* **Il pleut** *It rains/It is raining*

Il y a du vent *It's windy* **Il neige** *It snows/It is snowing*

SECTION C: WRITING

Describing the weather in the past (L'imparfait)

Il faisait très beau	*It was/has been lovely*	**Il y avait des nuages**	*It was cloudy*
Il faisait mauvais	*It was/has been bad*	**Il y avait du brouillard**	*It was/has been foggy.*
Il faisait chaud	*It was/has been hot*	**Il y avait de l'orage**	*It was/has been stormy*
Il faisait froid	*It was/has been cold*	**Il gelait**	*It was/has been freezing*
Il y avait du soleil	*It was/has been sunny*	**Il pleuvait**	*It rained/was raining*
Il y avait du vent	*It was/has been windy*	**Il neigeait**	*It snowed/It was snowing*

Past exam question 5.18

Source: SEC Junior Cycle Final Examination Sample Paper, Section C: Writing, Question 18

Quel temps fait-il en Nouvelle-Calédonie ?

Sample answer

Nous avons de la chance parce que tous les jours il fait très beau ici. Il y a du soleil et il ne pleut jamais. Heureusement, il ne fait pas trop chaud, c'est vraiment agréable et parfait pour nos vacances.

Note: This answer uses present-tense verbs to describe the weather.

Sample exam question 5.19

Quel temps faisait-il en … /à …?

Sample answer

Nous n'avons pas de chance parce qu'hier il y avait de l'orage. Aujourd'hui, il fait mauvais et il pleut beaucoup. Mais heureusement, demain il y aura du soleil et il fera très chaud donc je vais aller à la plage avec ma famille.

Note: This answer uses the present, past and future tenses to describe the weather.

If there is a photo or image in the question, be sure it is reflected in your answer. For example, if the image depicts a coastal area, be sure to mention water sports, seaside activities, etc.

Les activités de vacances (Holiday activities)

Aller *(To go)*

Le présent de l'indicatif	Le passé composé	Le futur proche	Le futur simple
Je vais	Je suis allé(e)	Je vais aller	J'irai
Nous allons	Nous sommes allé(e)s	Nous allons aller	Nous irons

à la plage *to the beach*
à la piscine *to the swimming pool*
au centre-ville *to the city centre*
au lac *to the lake*
dans la forêt *to the forest*
aux pistes de ski *to the ski slopes*
à la rivière *to the river*

Le présent de l'indicatif	Le passé composé	Le futur proche	Le futur simple
Je fais	J'ai fait	Je vais faire	Je ferai
Nous faisons	Nous avons fait	Nous allons faire	Nous ferons

du surf *go surfing*
du cheval *go horse-riding*
du vélo *go cycling*
du camping *go camping*
du shopping *go shopping*
du tourisme *go sightseeing*
du sport *play sports*
du skateboard *go skateboarding*
du ski *go skiing*
du patin à glace *go ice skating*
du snowboard *go snowboarding*
de la luge *go sledging*
de la plongée *go diving*
de la planche à voile *go windsurfing*
de la randonnée *go hiking*
de l'escalade *go climbing*
de la rame *go rowing*
une promenade *go for a walk*
une promenade au bateau *go on a boat trip*
une sortie/excursion *go on a day trip*
des ricochets *to skip stones*

Jouer *To play*

Le présent de l'indicatif	Le passé composé	Le futur proche	Le futur simple
Je joue	J'ai joué	Je vais jouer	Je jouerai
Nous jouons	Nous avons joué	Nous allons jouer	Nous jouerons

au volleyball au tennis au basket
au golf au football aux cartes

Other useful verbs

Explorer *To explore*

Le présent de l'indicatif	Le passé composé	Le futur proche	Le futur simple
J'explore	J'ai exploré	Je vais explorer	J'explorerai
Nous explorons	Nous avons exploré	Nous allons explorer	Nous explorerons

la campagne *the countryside*
la côte *the coast*
les dunes de sable *the sand dunes*
la forêt *the forest*
la région *the region*
la ville *the city/town*

Other vocabulary

ramasser (des coquillages) *to collect (shells)*
se baigner (dans la mer) *to swim (in the sea)*
construire (un château de sable) *to build (a sandcastle)*

Sample exam question 5.20

Quelles sont les activités que tu fais tous les jours ?

Sample answer

Ici, la mer est bleu clair et très calme donc chaque matin après le petit-déjeuner je fais des sports aquatiques. J'adore faire de la planche à voile. L'après-midi, je joue au volleyball ou je fais du cheval sur la plage. C'est génial !

Past exam question 5.21

Source: SEC Junior Cycle Final Examination 2022, Section C: Writing, Question 16

In your blog, write about each of the following:

...

tes projets pour le weekend prochain

Sample answer

Ce weekend, je vais faire une promenade en bateau avec ma famille. Nous allons aussi faire de la plongée et nous baigner dans la mer. J'ai vraiment envie de voir la vie marine ici. Ce sera chouette !

Vocabulary

la vie marine *marine life*

Past exam question 5.22

Source: SEC Junior Cycle Final Examination 2023, Section C: Writing, Question 18

Imagine that you are on the exchange programme (between your school and a school in Lyon). Write a blog in **French** for your language portfolio about your stay.

Dans ton blog, réponds aux questions suivantes :

(a) Comment as-tu voyagé à Lyon ?

(b) Décris le quartier de ton correspondant / ta correspondante.

(c) Quelles sont les activités que tu fais tous les jours avec ton correspondant / ta correspondante ?

(d) Qu'est-ce que tu n'aimes pas à Lyon ?

(e) Quels sont tes projets pour le week-end prochain ?

(Write approximately 200 words.)

In 2023, the exam paper made reference to the word count. Two hundred words means that you need to expand on each question/instruction. One or two sentences for each point will not be considered enough.

For each question/instruction, consider which tense should be used and ensure you conjugate verbs appropriately. For example:

Question/Instruction	Tense
Comment as-tu voyagé à Lyon ?	le passé composé (and perhaps l'imparfait)
Décris le quartier de ton correspondant / ta correspondante.	le présent
Quelles sont les activités que tu fais tous les jours avec ton correspondant / ta correspondante ?	le présent
Qu'est-ce que tu n'aimes pas à Lyon ?	le présent
Quels sont tes projets pour le weekend prochain ?	le futur proche, le futur simple

Sample answer

Bonjour,

Me voilà à Lyon !

Il y a cinq jours, j'ai pris un vol Air France à Dublin directement pour l'aéroport de Lyon. Quand je suis arrivé, mon correspondant, Pierre, et sa mère m'attendaient dans la zone des arrivées et nous sommes allés chez eux en voiture.

Pierre et sa famille habitent dans un beau lotissement dans la banlieue de Lyon. Sa maison est située à sept kilomètres du centre-ville. Son quartier est agréable, sûr et propre et tout le monde est vraiment accueillant. Il y a un petit centre commercial, un jardin public et un grand centre sportif à seulement quelques minutes à pied de chez lui.

Tous les matins, Pierre et moi promenons son chien dans le parc. Après le petit-déjeuner, nous allons au centre sportif pour faire de la musculation. D'habitude, les amis de Pierre viennent chez lui l'après-midi et nous jouons à des jeux vidéo. Je ne gagne jamais mais c'est divertissant.

Ce matin, je suis allé au centre-ville en autobus avec Pierre. La ville est vraiment belle et il y a beaucoup de bâtiments historiques et plein de choses à faire. Cependant, je n'aime pas du tout la circulation à Lyon, c'est trop bruyante, sale et même un peu dangereuse !

Samedi soir, je vais avec Pierre, son père et son cousin à un match de football de Ligue 1 au stade à Lyon. Ce sera formidable et j'ai très envie d'y aller. Dimanche, je ferai une sortie en forêt avec Pierre et sa famille. Nous irons aussi à un grand lac. Je vais beaucoup m'amuser ce weekend.

C'est tout pour le moment, je suis vraiment heureux être ici à Lyon.

[277 words]

Vocabulary

Ils/elles m'attendaient *they were waiting for me*
dans la zone des arrivées *in the arrivals hall*
chez eux *at their house*
accueillant(e)(s)(es) *welcoming/hospitable*
chez lui *at his house*
je ne gagne jamais *I never win*
divertissant(e)(s)(es) *fun*

des bâtiments historiques *historical buildings*

plein de choses à faire *lots/loads to do*

cependant *however*

la circulation *the traffic*

bruyant(e)(s)(es) *noisy*

sale(s) *dirty*

même *even*

j'ai très envie d'y aller *I am really looking forward to going there*

faire une sortie en forêt *to go on an outing/trip to the forest*

Be sure to follow the instructions carefully. For example, if you were instructed to **Décris le quartier de ton correspondant/ta correspondante**, while you can briefly mention the location of their house, you should not write a description of their house. Concentrate on describing their area.

Past exam question 5.23

Source: SEC Junior Cycle Final Examination 2022, Section C: Writing, Question 16

Imagine that you are on the exchange programme in Bordeaux. You are asked to write a blog in **French** about your experience for your school website.

In your blog, write about each of the following:

- **ton voyage à Bordeaux la semaine dernière**
- **la personnalité de ton correspondant/ ta correspondante**
- **la maison de ton correspondant/ ta correspondante**
- **l'école en France**
- **les activités que tu fais**
- **tes projets pour le weekend prochain**

(Write approximately 200 words.)

While there was no word count mentioned on the 2022 paper, we can assume that the email/blog should be of approximately 200 words, as was stated in 2023.

For each instruction, consider which tense should be used and ensure you conjugate verbs appropriately. For example:

Topic	Tense
ton voyage à Bordeaux la semaine dernière	le passé composé (and perhaps l'imparfait)
la personnalité de ton/ta correspondant(e)	le présent
la maison de ton/ta correspondant(e)	le présent
L'école en France	le présent
Les activités que tu fais	le présent
tes projets pour le weekend prochain	le futur proche, le futur simple

Be sure that any adjectives you use agree with the corresponding noun.

Sample answer

Bonjour,

Me voilà à Bordeaux !

Il y a une semaine, j'ai pris un vol à Dublin directement pour l'aéroport de Bordeaux. Quand je suis arrivée, ma correspondante, Nicole, et sa mère m'attendaient.

J'ai vraiment de la chance parce que Nicole est une personne vraiment aimable et amusante. Elle est aussi très énergique et sportive comme moi. Nicole et sa famille habitent une belle maison à deux étages dans la banlieue de Bordeaux. La maison est moderne et spacieuse et le jardin est très grand.

Ici, l'école est très différente. Les élèves ne portent pas d'uniforme et il y a des cours le samedi, c'est bizarre ! En plus, toutes les écoles en France sont mixtes.

Nicole adore le sport donc nous faisons beaucoup d'activités ensemble. Après les cours, nous jouons au basket et au football et le soir, nous allons à la piscine municipale ou au club de tennis près de chez elle.

Samedi, après les cours, je vais aller avec Nicole chez ses grands-parents, ils feront un barbecue. J'ai hâte d'y aller. Dimanche, je ferai de la randonnée avec Nicole et ses parents. J'ai très envie de prendre des photos du paysage. Je m'amuse bien ici et je n'ai pas envie de rentrer chez moi.

C'est tout pour le moment.

[212 words]

Vocabulary

(ils/elles) m'attendaient *(they) were waiting for me*
c'est bizarre *it's strange/weird*
municipal(e)/municipaux/municipales *public*
chez elle *at her house*
chez ses grands-parents *at her grandparents' house*
j'ai hâte d'y aller *I'm looking forward to going*
j'ai très envie de/d' … *I am looking forward to …*
prendre des photos du paysage *take photos of the landscape*

Past exam question 5.24

Source: SEC Junior Cycle Final Examination Sample Paper, Section C: Writing, Question 18

Imagine that you are on holiday in Nouvelle-Calédonie. Write an email in **French** to your French friend about the holiday.

Dans ton mél, réponds aux questions suivantes :

- **Comment as-tu voyagé ? Où est-ce que tu loges ?**
- **Quel temps fait-il en Nouvelle-Calédonie ?**
- **Quelles sont les activités que tu fais tous les jours ? Qu'est-ce que tu aimes le plus ?**
- **Qu'est-ce que tu n'aimes pas ?**
- **Quels sont tes projets pour le week end ?**

To ensure you write a response to each instruction given and do not lose marks due to accidentally leaving out one of the points, cross out or highlight each one of the instructions as you cover it in the body of the email, letter or blog.

Topic	Tense
Comment as-tu voyagé ?	le passé composé
Où est-ce que tu loges ?	le présent de l'indicatif
Quel temps fait-il en Nouvelle-Calédonie ?	le présent de l'indicatif
Quelles sont les activités que tu fais tous les jours ?	le présent de l'indicatif
Qu'est-ce que tu aimes le plus ?	le présent de l'indicatif
Qu'est-ce que tu n'aimes pas ?	le présent de l'indicatif
Quels sont tes projets pour le weekend ?	le futur proche, le futur simple

Sample answer

Salut, Nicole,

Me voilà en Nouvelle-Calédonie !

Samedi matin, ma famille et moi avons pris un vol à Dublin et mes parents ont loué une voiture à l'aéroport pour venir ici.

Nous logeons dans un grand hôtel quatre étoiles en face de la plage. Je partage une belle chambre avec ma petite sœur, juste à côté de la chambre de mes parents.

Nous sommes vraiment contents parce qu'il fait très beau. Il y a du soleil et il fait chaud toute la journée, c'est génial !

Tous les jours, après le petit-déjeuner, nous allons à la plage. J'aime bien pratiquer des activités aquatiques. Je fais du surf et je me baigne dans la mer.

Mais ce que j'aime le plus, c'est le mini-golf. Nous y jouons tous ensemble chaque après-midi, c'est très divertissant. Mon père est vraiment compétitif et il gagne toujours.

Cependant, chaque soir, je n'aime pas le spectacle proposé par l'hôtel. C'est pour les enfants, idéal pour ma petite sœur. Je le déteste mais je dois y participer avec elle, même si c'est vraiment ennuyeux !

Samedi, je vais faire de la plongée avec mon père et dimanche nous ferons tous les quatre une excursion pour explorer la région.

Je m'amuse bien ici et je n'ai pas envie de rentrer chez moi.

Nous nous voyons bientôt.

Vocabulary

partager *to share*	**compétitif(s), compétitive(s)** *competitive*
les activités aquatiques *water activities*	**le spectacle** *the show*
louer *to rent*	**faire une excursion** *to go on a day trip/excursion*
divertissant(e)(s) *fun/entertaining*	**cependant** *however*

Exercise 5.15

Imagine that you are on holiday in Val d'Isère. Write an email in **French** to your French friend about the holiday.

When writing about future actions, try to use a mix of both **futur simple** and **futur proche**.

Dans ton e-mail, réponds aux questions suivantes :

- Comment as-tu voyagé ? Où est-ce que tu loges ?
- Quel temps fait-il à Val d'Isère ?
- Quelles sont les activités que tu fais tous les jours ?
- Qu'est-ce que tu aimes le plus ?
- Qu'est-ce que tu n'aimes pas ?
- Qu'est-ce que tu as fait le weekend dernier ?

(Write approximately 200 words.)

Pay particular attention to the tense of the verb in the question as this will indicate in which tense you should conjugate the verbs in your answer.

Topic	Tense
Comment as-tu voyagé?	
Où est-ce que tu loges?	
Quel temps fait-il à Val d'Isère?	
Quelles sont les activités que tu fais tous les jours?	
Qu'est-ce que tu aimes le plus?	
Qu'est-ce que tu n'aimes pas?	
Qu'est-ce que tu as fait le weekend dernier?	

Sample answer

Salut, Simon.

Me voilà à Val d'Isère !

Il y a une semaine, ma famille et moi avons pris un vol Air France à Dublin et ensuite nous avons voyagé en autocar pour arriver ici.

Nous logeons dans un beau chalet dans une grande station de ski. Je partage une chambre avec mes deux frères et nous avons des lits superposés.

Ici à Val d'Isère, il neige toute la nuit et pendant la journée il fait froid mais il y a du soleil. Ce temps est idéal pour le ski.

Tous les jours après le petit-déjeuner, nous allons aux pistes de ski. J'adore pratiquer les sports d'hivers. Je fais du ski et j'apprends aussi à faire du snowboarding.

Mais ce que j'aime le plus, c'est la piste de luge. Ma mère a peur mais mes frères et moi faisons de la luge chaque après-midi et c'est vraiment divertissant.

Cependant, la vie est très chère ici ! Je voudrais acheter des petits cadeaux pour mes amis mais tout coute trop cher !

Samedi, nous avons pratiqué le patinage sur glace et dimanche, nous avons tous les cinq fait une excursion pour explorer un peu la région.

Malheureusement, nous partons lundi matin. Je m'amuse bien ici et je n'ai pas du tout envie de rentrer chez moi.

Nous nous voyons bientôt !

Vocabulary

les sports d'hiver *winter sports*
les pistes de ski *the ski slopes*
apprendre à *to learn to*
la piste de luge *sledge/toboggan run*

faire de la luge *go sledging/tobogganing*
des cadeaux *some presents*
pas du tout *not at all*

Exercise 5.16

Imagine that you are on holiday by the lake in Aix-les-Bains. Write an email in **French** to your French friend about the holiday.

Dans ton e-mail, réponds aux questions suivantes :

- **Comment as-tu voyagé ? Où est-ce que tu loges ?**
- **Quel temps fait-il à Aix-les-Bains ?**
- **Quelles sont les activités que tu fais tous les jours ?**
- **Qu'est-ce que tu aimes le plus ?**
- **Qu'est-ce que tu n'aimes pas ?**
- **Qu'est-ce que tu vas faire avant ton retour en Irlande ?**

(Write approximately 200 words.)

Topic	Tense
Comment as-tu voyagé ?	
Où est-ce que tu loges ?	
Quel temps fait-il à Aix-les-Bains ?	
Quelles sont les activités que tu fais tous les jours ?	
Qu'est-ce que tu aimes le plus ?	
Qu'est-ce que tu n'aimes pas ?	
Qu'est-ce que tu vas faire avant ton retour en Irlande ?	

Audio Scripts

Track 1
Scan this QR code to hear the audio

(a)

Monsieur : Bonjour madame, je voudrais ce gâteau au chocolat. Il a l'air délicieux.
Dame : Bien sûr, monsieur. Ce sera tout ?
Monsieur : Non. Deux baguettes aussi, s'il vous plait. Ça fait combien ?
Dame : Quinze euros, s'il vous plait.
Monsieur : Voilà, madame.
Dame : Et voici votre gâteau et vos baguettes. Bonne journée, monsieur !

(b)

Maman : Michelle, ma chérie, quels sont tes projets pour ce weekend ?
Michelle : Maman, tu as déjà oublié que samedi matin, j'ai un match de basket ?
Maman : Ah oui ! C'est vrai ! À quelle heure ?
Michelle : Mon match de basket commence à onze heures du matin. Pourrais-tu m'y emmener, s'il te plait ?
Maman : Bien sûr !

(c)

Simon : Salut, Éric. Qu'est-ce que tu fais cet après-midi ?
Éric : Mes parents insistent pour que je fasse des tâches ménagères. Cet après-midi, je dois ranger ma chambre et passer l'aspirateur.
Simon : Moi aussi, je dois toujours aider chez moi. Je viens de nettoyer la salle de bain. Je déteste faire le ménage. C'est tellement ennuyeux !

Track 2

Scan this QR code to hear the audio

Amélie : Moi, c'est Amélie. Je viens d'avoir quinze ans. Je suis l'ainée. J'ai une petite sœur et un petit frère mais le plus important membre de la famille, c'est mon chien, Titou.

Laïka : Je m'appelle Laïka. J'ai treize ans. J'habite avec mes parents et mon grand frère. Il a quinze ans. Il est assez grincheux. Mes grands-parents habitent au coin de la rue, donc ils nous rendent visite presque tous les jours.

Marc : Moi, c'est Marc. J'ai douze ans. Nous sommes cinq dans ma famille. J'ai une petite sœur. Elle s'appelle Céline et elle a dix ans. J'ai aussi un petit frère, le benjamin de la famille. Il n'a que huit ans.

Track 3

Scan this QR code to hear the audio

Conor : Bonjour, tu es la nouvelle correspondante de Michael ?

Sandrine : Oui, moi c'est Sandrine. Et toi ?

Conor : Je m'appelle Conor. Bienvenue à Cork, Sandrine. Tu as quel âge ?

Sandrine : J'ai quinze ans, mon anniversaire est le vingt-quatre mars. Et toi ?

Conor : J'ai seize ans, mon anniversaire est le dix janvier. Tu viens d'où ?

Sandrine : J'habite dans le centre-ville de Lyon. Et toi, tu viens de Cork, je suppose ?

Conor : Oui, j'habite à Cork avec ma famille depuis mon enfance.

Sandrine : Vous êtes combien dans la famille ?

Conor : J'ai deux sœurs et j'ai aussi un petit frère. Et toi ?

Sandrine : Moi, j'ai un frère et une sœur. Je suis au milieu. Bon, il faut que j'aille en cours. C'était sympa de te parler, Conor. À plus tard.

Track 4

Scan this QR code to hear the audio

Seán : Bonjour. Tu es la nouvelle correspondante de Niamh ?

Céline : Oui. Moi, c'est Céline. Et toi ?

Seán : Je m'appelle Séan. Bienvenue à Dublin, Céline. Tu as quel âge ?

Céline : J'ai quatorze ans. Mon anniversaire est le onze mai. Et toi ?

Seán : J'ai quinze ans. Mon anniversaire est le dix-neuf février. Tu viens d'où ?

Céline : J'habite dans la banlieue de Paris avec ma famille et mon chat, Sushi. Et toi, tu viens de Dublin, je suppose ?

Seán : Oui. J'habite à Dublin avec ma famille et mon chien qui s'appelle Luna.

Céline : Qu'est-ce que tu aimes faire pendant ton temps libre ?

Seán : Je me passionne pour le football gaélique. Et toi ?

Céline : Je joue du piano depuis l'âge de six ans. J'adore la musique. Bon, il faut que j'y aille. Ça m'a fait plaisir de te voir, Seán. À plus tard !

Track 5

Scan this QR code to hear the audio

Jeune femme : Excusez-moi, monsieur. Pour aller à la gare ferroviaire, s'il vous plait ?

Monsieur : C'est assez loin d'ici, mademoiselle. Il vaut mieux prendre le tramway pour y aller.

Jeune femme : Ah, bon. Il faut prendre quel tram, monsieur ?

Monsieur : On peut prendre le numéro quatorze ou le numéro huit. Tous les deux s'arrêtent en face de la gare.

Jeune femme : Et où est l'arrêt de tram le plus proche ?

Monsieur : C'est là-bas, vous voyez ? De l'autre côté de la rue, devant la pharmacie.

Jeune femme : Et combien coute un billet de tram ?

Monsieur : Seulement quatre-vingt-quinze centimes, et on peut acheter un billet en un instant en ligne.

Jeune femme : Parfait, monsieur. Merci mille fois !

Track 6

Scan this QR code to hear the audio

(a)

Médecin : Qu'est-ce que tu as, Jacques ?

Jacques : Hier soir, je ne pouvais pas m'endormir, et aujourd'hui j'ai très mal à la tête. J'ai l'impression que ma tête va éclater.

(b)

Médecin : Tu as un problème, Margot ?

Margot : Oui, Docteur. Hier après-midi, je me suis fait mal au doigt en jouant au football. J'ai été heurtée par le ballon et maintenant mon doigt est très enflé et c'est vraiment douloureux.

(c)

Médecin : Alors, Jean, où as-tu mal ?

Jean : Hier matin, je me suis baigné dans la mer et depuis j'ai très mal aux oreilles. En fait, la douleur au niveau de mes oreilles est franchement insupportable.

Track 7

Scan this QR code to hear the audio

La maire de Paris organise une journée sans voitures dimanche prochain. Les voitures seront interdites à Paris. Les Parisiens pourront profiter de la ville au calme et sans pollution. Depuis deux mille quinze (2015), un jour par an, les voitures ne circulent pas à Paris. Les bus, le métro et les trains fonctionnent normalement. Ce jour-là, il y a moins de bruit et moins de pollution. Vous trouverez plus d'informations sur le site web parisvert.fr. Ça s'écrit P-A-R-I-S-V-E-R-T-.F-R

Track 8

Scan this QR code to hear the audio

Le festival littéraire franco-irlandais aura lieu du 15 au 17 avril à Galway. Le festival célébrera les écrivains de France et d'Irlande qui ont publié des livres en français ou en gaélique. Le festival fête cette année son vingt-et-unième anniversaire. Le thème du festival, c'est l'écologie, et cette édition, nous l'avons intitulée « Refaire le Monde ». Les évènements du festival sont bien entendu gratuits. Vous pouvez vous renseigner sur le site web, literaryfestivalgalway.ie ou utiliser le hashtag #FILF2024. Ça s'écrit #F-I-L-F-2-0-2-4.

Track 9

Scan this QR code to hear the audio

Ce weekend, nous célébrons notre dixième anniversaire. Donc, du vendredi 23 mai au dimanche 25 mai, il y aura des offres spéciales pour vous, chers clients. Dans notre rayon boucherie, vous recevrez vingt pour cent de réduction sur toute la viande fraiche. À notre comptoir poissonnerie, les crevettes ne coûteront que dix euros le kilo. Et n'oubliez pas nos délicieux produits de viennoiserie … Nous vous proposerons des croissants, des pains au chocolat et des pains aux raisins … six au prix exceptionnel de seulement trois euros. Avis aux amateurs de bonnes affaires !

Track 10

Scan this QR code to hear the audio

Simon : Maman, je viens de me couper à la main !

Maman : Oh, Simon, c'est grave ? Qu'est-ce que tu faisais ?

Simon : J'étais en train de me préparer un sandwich quand je me suis coupé à la main. Ce n'est pas trop grave, maman, mais je crois qu'il faut vite aller chez le médecin, ça saigne beaucoup.

Maman : D'accord, mon chéri, mais le problème, c'est que je suis assez loin de chez nous en ce moment. J'ai dû venir au centre-ville et je viens de quitter la mairie.

Simon : Qu'est-ce que je dois faire, maman ?

Maman :	Calme-toi, Simon ! Il vaut mieux téléphoner à notre voisine, Sylvie. Tu peux noter son numéro ?
Simon :	Oui, maman. Je me suis coupé à la main gauche. C'est quoi son numéro de portable ?
Maman :	C'est le zéro six, vingt-cinq, cinquante-quatre, soixante-neuf, dix-neuf.
Simon :	Le zéro six, vingt-cinq, cinquante-quatre, soixante-neuf, dix-neuf.
Maman :	Oui, c'est ça ! Elle pourra t'aider jusqu'à ce que j'arrive.
Simon :	D'accord. Je lui téléphone tout de suite. Ne t'inquiète pas, maman.

Track 11

Scan this QR code to hear the audio

La météo pour demain, le samedi 12 aout. Dans le sud de la France, le beau temps continuera. Il y aura du soleil et il fera très chaud. Il faudra s'attendre à des températures maximales de trente-sept degrés. Par contre, dans le nord, il y aura des orages. Il pleuvra toute la journée et il y aura du vent. Les températures maximales seront de vingt-trois degrés.

Track 12

Scan this QR code to hear the audio

Nous avons fait un sondage en ligne sur les adolescents et leurs passetemps. Nous avons demandé à des adolescents comment ils aimaient passer leur temps libre. Voici les résultats : la réponse la plus populaire était de tchatter sur les réseaux sociaux, avec trente-quatre pour cent. En deuxième place, se trouvait la pratique d'un sport d'équipe avec vingt-sept pour cent. En troisième, vingt pour cent des adolescents ont dit qu'ils adoraient s'entrainer dans une salle de gym. Jouer d'un instrument musical était en quatrième place. Et enfin, la lecture était en cinquième place avec seulement huit pour cent.

Track 13

Scan this QR code to hear the audio

Javier : Tiens, Roselyne, tu as quelques idées pour notre devoir de français sur les maisons familiales de rêve ?

Roselyne : Oui. C'est assez intéressant, à mon avis. Il est possible de dépenser un million d'euros pour une famille de cinq personnes.

Javier : C'est beaucoup, ça ! Moi, je pense que je choisirais un grand appartement. En plus, pour moi, le lieu est un facteur clé, donc j'aimerais habiter au centre-ville, près des magasins, des restaurants, du cinéma et des transports en commun. Je voudrais aussi pouvoir profiter d'une vie nocturne animée. Ce serait génial !

Roselyne : Pas mal, comme choix ! Moi, je préfèrerais un joli pavillon en banlieue, avec une ambiance chaleureuse et accueillante et de belles vues sur les montagnes ou sur la côte. En plus, j'adorerais avoir un grand jardin avec de beaux arbres et beaucoup de fleurs.

Javier : À l'avenir, j'espère qu'on pourra réaliser nos rêves !

Track 14

Scan this QR code to hear the audio

Tout le monde sait que se déplacer à vélo, c'est plus écologique. Clara, aimes-tu aller à l'école à vélo ?

Clara : L'exercice est bon pour la santé, cela dit je n'aime pas du tout faire du vélo quand il fait mauvais. Il pleut trop souvent en Irlande ! Alors, pour aller à l'école, je préfère prendre l'autobus.

Et toi, Samuel, qu'est-ce que tu en penses ?

Samuel : J'aime aller à l'école à vélo. J'évite la circulation et les bouchons quand je fais du cyclisme. En plus, c'est bon pour la santé et comme ça, je reste en forme.

Et toi, Hannah ?

Hannah : Moi, je préfère être en plein air, je ne supporte pas de passer beaucoup de temps en voiture. Le vélo, c'est mieux et c'est plus rapide aussi.

Et toi, Arnaud, pour terminer ? À ton avis, le vélo, c'est une bonne idée ?

Arnaud : Moi, je déteste faire du sport le matin, donc tous les jours, ma mère m'emmène à l'école en voiture, c'est plus facile.

Grammar Solutions

Exercise 2.1

1. le	11. le	21. le	31. l'
2. le	12. la	22. la	32. l'
3. la	13. la	23. le	33. l'
4. la	14. le	24. la	34. l'
5. le	15. le	25. le	35. l'
6. la	16. le	26. le	36. l'
7. la	17. le	27. le	37. l'
8. le	18. le	28. la	38. l'
9. la	19. la	29. le	39. l'
10. le	20. le	30. le	40. l'

Exercise 2.2

1. du
2. des
3. du
4. des
5. des
6. des
7. du
8. de
9. d'
10. de

Exercise 2.3

1. chère	11. difficile
2. dangereuse	12. actif
3. négative	13. premier
4. haute	14. bon
5. vive	15. impoli
6. nombreuse	16. grand
7. moyenne	17. intéressant
8. fière	18. délicieux
9. furieuse	19. content
10. drôle	20. intelligent

Exercise 2.5

1. du	6. du	11. des
2. du	7. du	12. de la
3. de la	8. des	13. du
4. du	9. du	14. des
5. du	10. de l'	15. des

Exercise 2.6

Infinitive	Je	Tu	Il/Elle	Nous	Vous	Ils/Elles
aimer	J'aime	Tu aimes	Il/Elle aime	Nous aimons	Vous aimez	Ils/Elles aiment
In English	*I like*	*You like*	*He/She/It likes*	*We like*	*You like*	*They like*
jouer	Je joue	Tu joues	Il/Elle joue	Nous jouons	Vous jouez	Ils/Elles jouent
In English	*I play*	*You play*	*He/She/It plays*	*We play*	*You play*	*They play*
entendre	J'entends	Tu entends	Il/Elle entend	Nous entendons	Vous entendez	Ils/Elles entendent
In English	*I hear*	*You hear*	*He/She/It hears*	*We hear*	*You hear*	*They hear*
attendre	J'attends	Tu attends	Il/Elle attend	Nous attendons	Vous attendez	Ils/Elles attendent
In English	*I wait*	*You wait*	*He/She/It waits*	*We wait*	*You wait*	*They wait*

Exercise 2.6 (continued)

Infinitive	Je	Tu	Il/Elle	Nous	Vous	Ils/Elles
choisir	Je choisis	Tu choisis	Il/Elle choisit	Nous choisissons	Vous choisissez	Ils/Elles choisissent
In English	I choose	You choose	He/She/It chooses	We choose	You choose	They choose
remplir	Je remplis	Tu remplis	Il/Elle remplit	Nous replissons	Vous remplissez	Ils/Elles remplissent
In English	I fill	You fill	He/She/It fills	We fill	You fill	They fill

Exercise 2.7

Infinitive	Je	Tu	Il/Elle	Nous	Vous	Ils/Elles
se lever	Je me lève	Tu te lève	Il/Elle se lève	Nous nous levons	Vous vous levez	Ils/Elles se lèvent
In English	I get up	You get up	He/She gets up	We get up	You get up	They get up
se doucher	Je me douche	Tu te douches	Il/Elle se douche	Nous nous douchons	Vous vous douchez	Ils/Elles se douchent
In English	I have a shower	You have a shower	He/She has a shower	We have a shower	You have a shower	They have a shower
s'habiller	Je m'habille	Tu t'habilles	Il/Elle s'habille	Nous nous habillons	Vous vous habillez	Ils/Elles s'habillent
In English	I get dressed	You get dressed	He/She gets dressed	We get dressed	You get dressed	They get dressed

Exercise 2.8

Être	Avoir	Aller	Faire
Je suis	J'ai	Je vais	Je fais
Tu es	Tu as	Tu vas	Tu fais
Il/Elle est	Il/Elle a	Il/Elle va	Il/Elle fait
Nous sommes	Nous avons	Nous allons	Nous faisons
Vous êtes	Vous avez	Vous allez	Vous faites
Ils/Elles sont	Ils/Elles ont	Ils/Elles vont	Ils/Elles font

Exercise 2.9

Vouloir	to want	Devoir	must/have to
Je veux	I want	Je dois	I must
Tu veux	You want	Tu dois	You must
Il/Elle veut	He/She/It wants	Il/Elle doit	He/She must
Nous voulons	We want	Nous devons	We must
Vous voulez	You want	Vous devez	You must
Ils/Elles veulent	They want	Ils/Elles doivent	They must

Exercise 2.9 (continued)

Prendre	to take	Partir	to leave	Sortir	to go out
Je prends	I take	Je pars	I leave	Je sors	I go out
Tu prends	You take	Tu pars	You leave	Tu sors	You go out
Il/Elle prend	He/She takes	Il/Elle part	He/She leaves	Il/Elle sort	He/She goes out
Nous prenons	We take	Nous partons	We leave	Nous sortons	We go out
Vous prenez	You take	Vous partez	You leave	Vous sortez	You go out
Ils/Elles prennent	They take	Ils/Elles partent	They leave	Ils/Elles sortent	They go out

Exercise 2.11

1. Je suis allé(e) à la plage avec ma famille hier.
2. Ma famille et moi sommes arrivés à l'hôtel hier soir.
3. Je suis retourné(e) chez moi de la France le weekend (dernier).
4. Je suis sorti(e) avec mes amis le samedi.
5. Ma famille et moi sommes restés dans un hôtel au centre-ville pendant trois jours.

Exercise 2.12

Devenir	Revenir	Monter	Rester	Sortir	Venir	Arriver	Naître
Descendre	Entrer	Rentrer	Tomber	Retourner	Aller	Mourir	Partir

Sample exam question 2.1

a) partis
b) couchée
c) sommes
d) tombé
e) se
f) retournée
g) arrivé

Exercise 2.13

Je me suis couché Je me suis couchée	Tu t'es couché Tu t'es couchée	Il s'est couché	Elle s'est couchée
Nous nous sommes couchés Nous nous sommes couchées	Vous vous êtes couchés Vous vous êtes couchées	Ils se sont couchés	Elles se sont couchées

GRAMMAR SOLUTIONS

Exercise 2.14

1. J'ai lu	6. Ils ont écrit	11. Je me suis couché(e)	16. Je me suis douché(e)
2. Ils ont regardé	7. J'ai entendu	12. Nous avons chatté	17. Nous avons voyagé
3. J'ai vu	8. Elle a écouté	13. J'ai joué	18. Elle a travaillé
4. Nous sommes allés	9. J'ai fini	14. Nous sommes sortis	19. J'ai étudié
5. Il est arrivé	10. J'ai mangé	15. Il a rangé	20. J'ai appris

Past exam question 2.2

(a) **Séverine** : Lundi, je suis rentrée de l'école sous la pluie …

(b) **Omar** : Je suis tombé en jouant au basket et je pense que je me suis peut-être foulé le pied.

(c) **Marie** : Hier soir, j'ai mangé du poisson dans un restaurant …

Exercise 2.15

3.	✗	ont rendu	8.	✗	J'ai fait
4.	✗	avons joué	9.	✗	Tu as entendu
5.	✗	sont partis	10.	✗	a donné
6.	✗	J'ai regardé	11.	✗	Je me suis couché(e)
7.	✓		12.	✓	

Exercise 2.16

FAIRE	AVOIR	PARTIR	SORTIR	AIMER
fais~~ons~~	av~~ons~~	part~~ons~~	sort~~ons~~	aim~~ons~~
Je faisais	J'avais	Je partais	Je sortais	Je aimais
Tu faisais	Tu avais	Tu partais	Tu sortais	Tu aimais
Il/Elle faisait	Il/Elle avait	Il/Elle partait	Il/Elle sortait	Il/Elle aimait
Nous faisions	Nous avions	Nous partions	Nous sortions	Nous aimions
Vous faisiez	Vous aviez	Vous partiez	Vous sortiez	Vous aimiez
Ils/Elles faisaient	Ils/Elle avaient	Ils/Elle partaient	Ils/Elles sortaient	Ils/Elles aimaient

Exercise 2.18

1. Je vais lire.	6. Je vais jouer.	11. Ils écriront.	16. Elle va travailler.
2. Je me coucherai.	7. Je vais voir.	12. Je me doucherai.	17. Je vais terminer.
3. Ils regarderont.	8. Nous sortirons.	13. Je vais entendre.	18. Je vais étudier.
4. Nous tchatterons.	9. Il arrivera.	14. Nous voyagerons.	19. Je mangerai.
5. Nous irions.	10. Il va donner.	15. Elle écoutera.	20. J'apprendrai (à)